DROIT MUSULMAN MALÉKITE

EXAMEN CRITIQUE

De la traduction officielle qu'a faite M. PERRON du livre de KHALIL

CONTENANT

LA SOLUTION DE QUESTIONS INTÉRESSANTES

ET DÉMONTRANT

1° QUE LES PRINCIPES DE LA LOI MUSULMANE ET DU DOGME ISLAMIQUE,
BIEN COMPRIS ET BIEN APPLIQUÉS,
NE S'OPPOSENT PAS AU DÉVELOPPEMENT CIVILISATEUR DES PEUPLES MUSULMANS ;
2° QUE LES MÊMES PRINCIPES,
EXCEPTÉ CEUX QUI ONT TRAIT AU DIVORCE ET AUX SUCCESSIONS,
NE S'OPPOSENT POINT A L'APPLICATION DU CODE CIVIL FRANÇAIS AUX ARABES DE L'ALGÉRIE

PAR

F. CADOZ

HUISSIER A MASCARA (ALGÉRIE)

Administrateurs, magistrats, jurisconsultes,
savants chrétiens et musulmans ; et vous, intré-
pides colons de l'Algérie, daignez lire attentivement ce petit livre : vous y puiserez, je crois,
quelques notions utiles.

PARIS

CHALLAMEL AINÉ, LIBRAIRE-ÉDITEUR

30, RUE DES BOULANGERS, ET 27, RUE DE BELLECHASSE
Et chez les principaux Libraires de l'Algérie

1870

EXAMEN CRITIQUE

DROIT MUSULMAN MALÉKITE

EXAMEN CRITIQUE

De la traduction officielle qu'a faite M. PERRON du livre de KHALIL

CONTENANT

LA SOLUTION DE QUESTIONS INTÉRESSANTES

ET DÉMONTRANT

1° QUE LES PRINCIPES DE LA LOI MUSULMANE ET DU DOGME ISLAMIQUE,
BIEN COMPRIS ET BIEN APPLIQUÉS,
NE S'OPPOSENT PAS AU DÉVELOPPEMENT CIVILISATEUR DES PEUPLES MUSULMANS ;
2° QUE LES MÊMES PRINCIPES,
EXCEPTÉ CEUX QUI ONT TRAIT AU DIVORCE ET AUX SUCCESSIONS,
NE S'OPPOSENT POINT A L'APPLICATION DU CODE CIVIL FRANÇAIS AUX ARABES DE L'ALGÉRIE,

PAR

F. CADOZ

HUISSIER A MASCARA (ALGÉRIE)

Administrateurs, magistrats, jurisconsultes,
savants chrétiens et musulmans; et vous, intré-
pides colons de l'Algérie, daignez lire attentivement ce petit livre : vous y puiserez, je crois,
quelques notions utiles.

BAR-SUR-AUBE

IMPRIMERIE ET LITHOGRAPHIE E.-M. MONNIOT

1870

En raison du bon accueil que la Presse française a fait à ma brochure : *Initiation à la science du droit musulman*, j'autorise les Journaux et les Revues à reproduire cet *Examen critique* par extraits : à part cette exception, je réserve mes droits d'auteur.

————————

Contre un mandat de 5 francs, adressé à l'auteur, on recevra, *franco*, l'*Examen critique*. — Contre un mandat de 3 francs, on recevra l'*Initiation à la science du droit musulman*. — Contre un mandat de 6 francs, on recevra les deux livres.

EPIGRAPHES

1

Scire leges, non hoc est verba earum tenere, sed vim ac potestatem : Ce n'est pas savoir les lois que d'en connaître les termes, il faut en saisir l'esprit et l'étendue.

2

Une traduction n'a de valeur qu'autant qu'elle reproduit des idées et non des mots, car *la lettre tue et l'esprit vivifie.*

3

Au pays des aveugles, les borgnes sont rois.

4

Orientaliste veut dire : *celui qui est versé dans la connaissance des idiomes de l'Orient ;* mais de la connaissance d'une langue à la connaissance exacte d'une science traitée en cette langue, il y a une grande distance à parcourir. La preuve, c'est que le bachelier ès-lettres est obligé, pour devenir *jurisconsulte* ou *médecin,* d'étudier le droit ou la médecine : *chacun son métier...* Le mien est de cultiver les lois et de les apprendre à ceux qui les ignorent.

5

Compter sur l'appui de certains savants en renom, pour obtenir, au détriment de leur réputation, un succès mérité, c'est compter sur le néant.

6

La modestie seyait bien alors que la bonne foi régnait sur la terre, mais aujourd'hui, c'est de la sottise, car l'homme modeste est exploité par les intrigants, ou détruit par les individus auxquels il porte ombrage. Je n'entends pas dire que l'immodestie doive être désormais une règle de conduite, j'entends dire seulement que l'homme qui a la conviction que son talent, tant faible soit-il, peut être utile à son prochain, ne doit pas le laisser ignorer à *ceux-là* qui, au lieu de le reconnaître, sont disposés à le ravaler : *qui se fait brebis, le loup le mange.*

7

La question n'est pas de savoir si j'ai été diffus, incorrect, même vain, présomptueux, mais bien de savoir *si j'ai été clair et si j'ai frappé juste.*

8

Il n'y a que la vérité qui offense.
Qui ne dit mot consent.

9

Je n'ai pas fait de personnalités ; j'ai voulu dire seulement : que celui qui se reconnaît dans ma *critique,* s'applique ce que je dis, si bon lui semble.

10

Quoique, depuis la fin de l'âge d'or, on ne puisse plus dire impunément la vérité, j'ai tâché de concilier cette règle que *toutes les vérités ne sont pas bonnes à dire,* avec celle-ci : *fais ce que tu dois, advienne que pourra*

11

Les nègres du Soudan, parlant de la domination arabe, disent : en matière d'administration, consulter les chefs ou les magistrats musulmans, c'est demander aux chacals leur opinion à l'égard des brebis

Ils disent en outre : il n'est plus temps de recourir aux plantes salutaires, quand on les a laissées étouffer par les mauvaises herbes.

AVIS

AU LECTEUR BIENVEILLANT.

En m'adressant à M. Perron en particulier, je me suis également adressé aux autres orientalistes français en général, pour le droit musulman dont j'ai fait ma spécialité. Or, ils ne peuvent être juges dans leur propre cause. Mes juges compétents sont non-seulement à Berlin, mais encore dans la personne des éminents orientalistes d'Angleterre et de Russie. Que le lecteur, qui ne pourra apprécier par lui-même la valeur de ma critique, attende donc avec confiance la décision que je réclame, et que jusque là, il veuille bien ne point s'arrêter aux objections de mes détracteurs, car la plupart des savants en renom ne pardonnent pas à un homme simple et obscur, mu par le seul intérêt de la vérité, de leur signaler naïvement ce qu'ils ont ignoré, ni de leur prouver de même que, sur les matières traitées par eux, ils ont commis des erreurs graves.

J'ai déjà parlé de la traduction de M. Perron dans mon livre : *Initiation à la science du droit musulman.* A cette époque, je n'en avais examiné que quelques passages ; mais ayant eu, depuis, l'occasion d'en consulter un grand nombre et de les comparer avec l'original arabe, *j'ai été frappé de nombreuses erreurs*, plus vivement que M. Perron, lorsqu'il dit, vol. 6, p. 476, en parlant des traductions françaises ou étrangères du Koran : « J'ai été frappé de quelques inexactitudes. « *J'ai dû les rectifier.* » C'est alors que j'ai entrepris cette critique, dans l'intérêt de la science *et spécialement de l'Algérie*, avec d'autant plus de raison que M. Perron, *jusqu'ici*, n'a trouvé que des *louangeurs*.

PRÉFACE

Le but de mes efforts, tant dans cette *critique* que dans mon précédent livre : *Initiation à la science du droit musulman*, a été de démontrer que les institutions musulmanes ont été envisagées sous un faux jour par tous les savants. En effet, si ces institutions étaient essentiellement mauvaises, les Musulmans n'auraient pu, avec les mêmes lois que celles qu'ils ont aujourd'hui, demeurer pendant plus de sept cents ans, *le plus grand et le plus civilisé des peuples de l'Occident*. (1)

Le but de mes efforts a été également de démontrer

(1) Les institutions, tant bonnes soient-elles, ne suffisent pas pour assurer et maintenir la prospérité d'un peuple ; il faut qu'elles soient appliquées, *d'une manière saine et impartiale*, tant aux hommes puissants qu'aux déshérités; sinon, elles sont comme ces terrains incultes, qui ne produisent que des ronces et des chardons. Que l'on considère ce qu'était l'Espagne sous la loi musulmane, et ce qu'elle est devenue sous le gouvernement des prêtres catholiques, *malgré la loi du Christ !* Que l'on considère également ce que sont aujourd'hui les pays musulmans sous la loi du Koran !

De ce que les institutions musulmanes ne s'opposent pas au développement civilisateur des peuples musulmans, il faut tirer cette conséquence que les Arabes de l'Algérie sont déjà aptes à être régis par notre code français, mais il ne faut pas conclure que nous devons laisser les Arabes sous l'empire de leur statut personnel-civil. En effet, leurs jurisconsultes, à part quelques rares exceptions, ne s'attachent plus qu'à la lettre de la loi, et sont incapables de toute initiative civilisatrice. D'un autre côté, il faut bien reconnaître que nous ne sommes pas venus en Algérie pour faire refleurir la loi du Koran, mais que nous y sommes venus pour imposer nos lois civiles aux vaincus, de même que les rois Arabes de l'Espagne imposaient aux Chrétiens les parties purement civiles de la loi musulmane.

que les mêmes institutions, excepté celles qui ont rapport au divorce et aux successions, peuvent se concilier avec nos lois civiles.

Si cela est vrai, — et on ne saurait le nier, — qu'il
me soit permis d'avancer que du jour où les Arabes de
l'Algérie seront affranchis de la juridiction des cadis,
pour être régis par nos lois, ils accepteront avec empressement et reconnaissance *cette meilleure existence ;* (1) qu'alors seulement, « *notre manière de régir
« un peuple vaincu sera, pour les quinze millions
« d'Arabes répandus dans les autres parties de l'Afri-
« que et en Asie, un objet d'envie ;* » (2) et qu'alors, à
la France, reviendra la gloire éclatante d'avoir, *en
vertu même des principes de la loi musulmane,* pris les
mesures efficaces de paix, de civilisation et de prospérité, tendantes à relever une race déchue, et à assurer l'union des deux mondes *Chrétien et Musulman :*
chacun avec ses croyances particulières.

Mascara, 1870.

                         CADOZ.

---

(1) Ils ont bien accepté la suppression de leurs lois pénales qui touchent plus
intimement à la religion que toutes autres, pour se soumettre, sans murmurer, à
notre droit criminel ; et ont bien accepté aussi la suppression des *habous,* dont le
caractère est *essentiellement* religieux. Et chose encore digne de remarque, c'est
que nos tribunaux de première instance statuent sur les appels des jugements des
cadis : ce dont les Arabes ne se sont jamais plaints. — Affranchis des concus-
sions, des exactions et des influences dont ils n'osent se plaindre, les Arabes
passeront de la gêne au bien-être, et seront satisfaits de leur nouveau sort. —
Quant aux mécontents, il sera facile de les réduire à la raison, *si on le veut bien,*
parce que les *masses* seront pour nous.

(2) Extrait d'une lettre de Napoléon III au maréchal de Mac-Mahon, gouverneur
général de l'Algérie.

EXAMEN CRITIQUE

De la traduction officielle qu'a faite M. PERRON du livre de *Khalil*

CHAPITRE IER

PARTICULARITÉS

SECTION 1re

De la tutelle du contrat de mariage

Au volume 2, p. 330 de la traduction de M. Perron, on lit :

« Le droit de contracter un mariage au nom d'une
« fille nubile, vierge ou déflorée, appartient, par ordre
« de préférence, *d'abord au fils du père légitime de*
« *la fille,* puis à défaut du fils, au fils de ce fils, et ainsi
« de suite, c'est-à-dire le fils du fils, du fils, etc. : *les fils*
« *sont mis au premier rang, parce qu'ils sont les premiers*
« *héritiers dans la ligne paternelle...* Le droit en ques-
« tion appartient ensuite, à défaut des fils, au père lé-
« gitime de la fille, etc. »

Voilà qui paraît immoral et destructif de l'autorité
paternelle : un père, lorsqu'il s'agit de l'établissement de
son enfant, être relégué après son fils !

Mais il n'en est rien : *Khalil,* commenté par *Kharchi,*
a voulu dire dans son laconisme :

« Le droit de contracter mariage au nom *d'une femme*
« *veuve* ou *répudiée définitivement* , qui a *un fils légi-*
« *time*, appartient d'abord au *fils de cette femme*, s'il est
« *majeur* et non *interdit*, puis, à défaut du fils, au fils
« de ce fils, et ainsi de suite, de fils en fils.

« Si cette femme veuve, ou répudiée définitivement.
« n'a pas ou n'a plus de fils *à elle (leha)*, ni de fils de
« fils, le droit en question appartient ensuite *à son père*
« *légitime*.

« Le fils et le petit-fils de cette femme (veuve ou ré-
« pudiée) à remarier sont mis au premier rang des
« tuteurs du contrat de mariage, parce qu'ils emportent
« dans la succession de leur mère ou grand'mère une
« part *plus forte que celle du père de cette femme*.

« Nous disons : *femme veuve ou répudiée définitive-*
« *ment*, ce qui implique que cette femme a subi une
« union *légale*, par suite de laquelle elle a été affranchie
« de la tutelle du gouvernement de sa personne, et par
« conséquent du droit de *contrainte* au mariage, droit
« qui, exercé ou non, donnait au père légitime de cette
« femme la *priorité* sur tous les tuteurs du contrat de
« mariage ; — tandis que s'il s'agissait d'une *fille*, deve-
« nue mère par suite *d'union illicite*, cette circonstance
« ne l'affranchirait pas de *la tutelle du gouvernement de*
« *sa personne*, ni par suite, de la *contrainte au mariage*.
« contrainte qui, exercée au non, donnerait au *père* lé-
« gitime de cette fille, ou à celui qui en est investi en
« son lieu et place, le droit de figurer *en première ligne*
« parmi les *ouali* ou tuteurs du contrat de mariage, *à*
« *l'exclusion du fils illégitime de cette fille à marier.* » (1)

---

(1) *Derdiri*, contrairement à Khalil et à Kharchi, attribue le droit de contracter
mariage *au nom de la fille qui a un fils illégitime*, d'abord à ce fils, mais en tant
qu'elle n'est plus soumise au droit de contrainte au mariage, parce que, d'après

SECTION 2

Du prêt d'une femme libre

Au volume 3, p. 492, on lit :

« Il n'est pas interdit *de prêter une femme libre,* une
« femme parente de l'emprunteur à un degré qui exclut
« les alliances matrimoniales. »

Si cela était vrai, les publicistes auraient eu raison de
dire que la loi musulmane est immorale. Mais qu'ils
se détrompent : *une femme libre* ne peut se prêter, ni
être prêtée comme une esclave, un animal, une chose.

En effet, Kharchi, après avoir indiqué les personnes
auxquelles il est permis de *prêter une esclave,* non dans
un but de conjonction, mais dans le but d'en obtenir des
services qui n'ont rien d'intéressé (autrement ils consti-
tueraient un contrat de louage), termine ainsi : « *il en est
de même pour la femme libre, et pour le proche parent
de la femme esclave.* » Le sens de ces mots, que M.

---

certains auteurs, le fait de la maternité *illégale* n'affranchit la fille qui en a été
l'objet, de la tutelle du gouvernement de sa personne, et par suite du droit de contrainte au mariage, qu'autant que ce fait s'est répété plusieurs fois ; — tandis que
d'après Khalil et Kharchi, le fils illégitime de cette fille est exclu, dans tous les
cas, de la tutelle du contrat de mariage, et cette tutelle continue à résider *en première ligne* sur la tête du père légitime de cette fille.

De ce qui précède, il faut conclure *a fortiori* que s'il s'agit d'une fille nubile,
vierge ou déflorée, le droit de contracter mariage au nom de cette fille appartient
indubitablement *d'abord à son père,* et non (comme le dit M. Perron) *d'abord au
fils de ce père.*

J'ai signalé l'erreur de M. Perron, quand il attribue le droit de contracter mariage *d'abord au fils du père légitime de la fille à marier.* Mais je m'abstiens
d'expliquer ici la théorie de la tutelle du contrat de mariage, 1° parce qu'elle sor-
tirait des limites de ma critique ; 2° parce que certains *parasites* pourraient s'en
emparer, pour me dire : *nous la connaissons bien.*

Perron a traduits comme nous venons de le voir, est celui-ci :

« Il en est de même, c'est-à-dire qu'il est permis de
« prêter une esclave *à une femme libre*, ou à un parent
« dont le degré exclut l'alliance matrimoniale avec cette
« esclave (parce que dans le premier cas la conjonction
« est impossible, et que dans le second cas elle n'est
« pas à craindre, sous la menace des peines prononcées
« par la loi). » (1)

A la page 491 du même volume, on lit :

« Prêter, c'est livrer une chose ou valeur, possédée
« par possession privative, *en échange d'un équivalent*
« *parfaitement exact*, à une époque plus ou moins éloi-
« gnée et dans le but unique d'être utile à l'emprun-
« teur seul. »

En échange d'un équivalent parfaitement exact. Il
semble résulter de cette expression que le prêt soit fait
en échange et à titre de garantie d'une chose que le prêteur a reçue de l'emprunteur.

En supposant que je comprenne mal le sens de sa
traduction, M. Perron aurait dû être plus clair, car voici
ce que dit Kharchi :

« On appelle *Kardh*, en terme de droit, le prêt de con-
« sommation (bien qu'il comporte des circonstances
« qui le rapprochent du *prêt à usage*, comme dans le
« cas de prêt d'une esclave). Il consiste à livrer une
« chose à laquelle le prêteur attache une certaine valeur
« (dans la possession de laquelle il entend rentrer, et
« non à livrer une de ces choses de valeur minime, que
« l'on donne plutôt que de les prêter), afin qu'on lui en

---

(1) J'ai cru remarquer que toutes les fois que la traduction de M. Perron contient un passage *contraire à la morale publique ou à la morale naturelle*, on
peut être sûr que ce passage est inexact.

« rende l'équivalent, de même espèce et qualité, et non
« afin qu'on la lui rende par le remplacement d'une autre
« chose, qui ne serait ni de même espèce, ni de même
« qualité. Il consiste en outre, pour le prêteur, à ne
« pouvoir en obtenir la restitution de suite (c'est-à-dire
« non à quelques jours de délai seulement, mais à une
« époque fixée par l'usage, si une autre plus rapprochée
« n'a pas été fixée par le contrat ; ainsi, prêter un agneau
« au printemps, c'est de la part du prêteur, consentir
« tacitement à ce qu'on ne le lui rende qu'au printemps
« suivant). Il consiste enfin, pour le prêteur, à être utile
« à l'emprunteur seulement, et à ne retirer aucun béné-
« fice de la chose prêtée. »

SECTION 3

De la tutelle de bas âge

On lit, vol. 3, p. 159 :

« Les soins maternels *sont un devoir*, même pour la
« mère esclave envers son enfant, etc. »

Sont un devoir. Khalil n'a pas été assez naïf pour faire
un point de doctrine d'une chose *aussi naturelle*. Il dit
que la tutelle de bas âge est attribuée *comme un droit
au profit de la mère*, et à défaut de la mère, aux autres
personnes qu'il indique, et cela, bien entendu, dans l'intérêt de l'enfant. Le cri du cœur, chez toutes les mères,
n'est-il pas là pour revendiquer les soins à donner à leurs
enfants, *comme un droit et non comme un devoir ?*

Khalil considère cette tutelle *comme un droit au profit
seulement de la tutrice ou du tuteur*, contrairement à
ceux qui la considèrent *comme un droit, tant au profit*

de l'enfant qu'au profit de sa tutrice ou de son tuteur.
La distinction est importante ; elle ressort implicitement
du texte de Khalil, et a été parfaitement établie par *Ibn
Salamoune :*

Considérée comme un droit au profit seulement de la
tutrice ou du tuteur, il en résulte que celui ou celle à qui
cette tutelle a été dévolue, peut y renoncer, *s'il se présente une autre tutrice ou un autre tuteur pour s'en
charger*, et que celui ou celle qui n'a pu s'en charger
par suite d'excuses valables, peut toujours la reprendre, quand il se trouve dans les conditions légales
pour la remplir.

Considérée au contraire, comme un droit tant au
profit de l'enfant qu'au profit de sa tutrice ou de son
tuteur, il en résulte que le tuteur ou la tutrice à
qui elle est dévolue, ne peut jamais y renoncer,
s'il se trouve dans les conditions légales, car l'enfant
est là pour réclamer son droit, et il n'a pas la capacité
voulue pour s'en dessaisir. Il en résulte également qu'il
ne peut non plus, lorsque n'ayant pas été d'abord
dans ces conditions, il vient plus tard à s'y trouver,
la reprendre contre la volonté de celui ou de celle à qui
elle a été dévolue en leurs lieu et place, parce qu'il
faudrait pour cela un consentement que l'enfant ne peut
donner.

Je m'en rapporte au lecteur sur le point de savoir si
cette distinction ressort de la traduction de M. Perron.

D'un autre côté, en lisant ce que M. Perron dit, sous
la section III, *Des soins à donner à l'enfance*, on est
porté à penser que les personnes auxquelles sont confiés
les soins d'un enfant, sont purement et simplement ou
des nourrices, ou des pères nourriciers, qui, après le
sevrage de l'enfant, deviennent des maîtres ou maîtresses

de pension, chargés de l'élever, de le vêtir et de le loger jusqu'à l'âge de puberté, sous la direction exclusive du tuteur légal de l'administration des biens ; et on est loin de se douter que ces soins constituent, pour ceux ou celles à qui ils sont confiés, **la tutelle du gouvernement de la personne de l'impubère.**

M. Perron, au lieu de nous donner la traduction de plusieurs versets du Koran, comme il l'a fait, vol. 6, p. 476, dans le but d'établir sa supériorité sur tous les orientalistes français et étrangers, — ce qui n'est pas prouvé, car je soutiens que les traductions qu'il a prétendu rectifier sont plus exactes que la sienne, — M. Perron, ce me semble, sur le sujet qui nous occupe, aurait mieux fait de nous donner l'éclaircissement suivant :

1° **Le garçon**, jusqu'à sa majorité, est soumis à deux sortes de tutelles, parfaitement indépendantes l'une de l'autre : *celle du gouvernement de sa personne, et celle de l'administration de ses biens.*

Il sort de la première, dite de bas âge, par le fait de **la puberté ;** en conséquence, il peut aller s'établir *où il veut: héitsou cha,* comme le dit *Abdelbaki,* commentateur de *Khalil,* au chapitre de la *minorité,* en tant qu'il a assez de jugement pour distinguer le bien du mal. La *puberté* constitue, pour le garçon, la première majorité ou celle du gouvernement de sa personne. Devenu ainsi majeur, il encourt la *responsabilité pénale.* Mais, dans tous les cas, c'est-à-dire qu'il soit impubère ou pubère, qu'il ait agi ou non avec discernement, *il est civilement responsable* de ses crimes, délits ou quasi-délits.

Il ne sort de la seconde, celle de l'administration des biens, qu'autant qu'il est pubère et notoirement reconnu, ou spécialement déclaré apte à les administrer.

Celte aptitude constitue pour lui la seconde majorité, à laquelle il est capable de tous les actes de la vie civile.

2° **La fille** reste sous la première tutelle, celle du gouvernement de sa personne, non-seulement jusqu'à la puberté, mais encore jusqu'à ce qu'elle ait consommé son mariage. Et, si elle ne se marie pas, ou si étant mariée, elle n'a pas consommé son mariage, elle reste sous cette tutelle jusqu'à l'âge dit *tânis :* cinquante ans d'après les uns, et soixante d'après les autres.

Mais le fait seul de la puberté lui fait encourir *la responsabilité pénale,* si elle a assez de jugement pour distinguer le bien du mal. Et dans tous les cas, qu'elle soit impubère ou pubère, qu'elle ait agi ou non avec discernement, elle encourt la responsabilité civile, comme il a été dit pour le garçon. — Si la tutelle du gouvernement de la personne, à son égard, se prolonge plus longtemps qu'à l'égard du garçon, c'est en raison de la faiblesse de son sexe et pour la conservation de sa vertu.

Elle ne sort de la seconde tutelle, celle de l'administration des biens, qu'autant que devenue *pubère,* son père l'a déclarée majeure ; et si elle n'a ni père ni tuteur testamentaire, qu'autant qu'elle a consommé le mariage, et que deux témoins ont reconnu son aptitude à bien administrer sa fortune, sinon elle n'en sort qu'à l'âge dit *tânis* (1).

Tels sont les principes généraux du droit sur la minorité et la majorité, principes qui réclament des développements et admettent des exceptions, et qui nécessiteraient un travail spécial de la part d'hommes compétents.

(1) La fille *pubère,* vierge, ou déflorée en dehors de toute union conjugale, peut être déclarée majeure par son père, *à l'égard des biens,* sans pour cela sortir de la tutelle du gouvernement de sa personne, sous laquelle elle reste placée tant qu'elle n'a pas consommé le mariage, ou tant qu'elle n'a pas atteint l'âge dit *tânis ;* — tandis que la majorité chez le garçon, *à l'égard des biens,* emporte également la majorité à l'égard du gouvernement de sa personne.

SECTION 4

De la tutelle de bas âge dévolue à un affranchi

On lit, vol. 3, p. 162 :

« (Les soins de l'enfance reviennent comme devoirs,
« et dans l'ordre de préséance suivant)....... enfin, à
« *l'affranchi* de premier ordre ou qui a affranchi un es-
« clave ; puis à *l'affranchi* de second ordre ou affranchi
« de cet affranchi. »

Il est assez difficile, à vue de cette traduction, de
comprendre nettement ce que M. Perron entend par
affranchi de premier ordre et *par affranchi de second
ordre.*

D'abord, quels rapports y a-t-il entre *l'affranchi de
premier ordre* ou *qui a affranchi un esclave*, et l'enfant
auquel il s'agit de donner des soins ; et quels rapports
y a-t-il entre *l'affranchi de second ordre* ou *affranchi de
cet affranchi*, et ce même enfant ? C'est ce que M. Perron
laisse au lecteur le soin de deviner.

D'un autre côté, d'après cette traduction, le maître
primitif d'origine libre, qui, lui, n'est *ni affranchi de
premier ordre, ni affranchi de second ordre*, puisqu'il est
ingénu ou n'a jamais été sous le joug de la servitude,
se voit exclu, à tort, de la tutelle, tandis que Khalil a
dit, ce qui était rationnel, que cette tutelle revenait d'a-
bord *au patron, maula-el-âla*, qu'il soit ou non d'origine
libre, avant *l'affranchi, maula-el-asfel.*

Cette explication, qui n'élucide pas encore la question,
démontre dès à présent que M. Perron s'est trompé et

2

qu'il aurait dû traduire : les soins de l'enfant reviennent enfin au *patron*, puis à *l'affranchi*.

Pour bien éclaircir le point de savoir de quel patron et de quel affranchi Khalil a voulu parler, nous allons entrer dans quelques détails.

Le maître primitif, ou celui par qui commence la possession de l'esclave, est indubitablement d'origine libre, puisque l'esclave ne peut rien posséder par lui-même. Ce maître prend le nom de *malik*, possesseur, ou de *séïd*, maître, tant que l'esclave est en son pouvoir ; et celui-ci prend le nom d'*âbd*, serviteur.

Après l'affranchissement de l'esclave par le maître, l'un et l'autre prennent le nom de *maula*, dans le sens de *patron*, pour le maître, et de *client*, pour l'affranchi. Et comme le même mot *maula* leur est applicable, on les distingue l'un de l'autre ainsi : le premier s'appelle *el-maula-el-âla*, le maître supérieur, par rapport à son affranchi qui est appelé *el-maula-el-asfel*, le maître inférieur.

Mais comme il peut arriver qu'un esclave affranchi partiellement, et devenu capable d'acquérir et de posséder pour son compte, dans les limites de son affranchissement partiel, *ait acheté un esclave*, il y a d'autres dénominations pour distinguer le maître primitif de son esclave direct, et celui-ci, de l'esclave en sous-ordre. Or, dans ce cas, tant que l'affranchissement n'est pas complet, le maître primitif est appelé *séïd-el-âla*, maître supérieur, et son esclave direct *âbd-el-âla*, esclave supérieur, par rapport à l'esclave en sous-ordre qui s'appelle *âbd-el-asfel*, esclave inférieur ; ce qui n'empêche pas l'esclave supérieur de prendre également le nom de *séïd*, maître, par rapport à son esclave direct. — Après l'affranchissement complet par le maître supérieur de son

esclave direct, et par celui-ci de son esclave également
direct, tous les trois prennent également le nom de
maula; et le rapport *direct* de chaque patron avec son
affranchi est toujours indiqué comme il est dit plus haut,
c'est-à-dire que le patron s'appelle *el-maula-el-âla*, et
l'affranchi *el-maula-el-asfel*. Mais alors on distingue les
patrons, l'un de l'autre, par l'emploi simultané de deux
expressions : le patron inférieur s'appelle *mouatik*, affranchissant, et le patron supérieur s'appelle *moudtik-
moudtikih*, *l'affranchissant de celui qui l'a affranchi*,
c'est-à-dire *le patron supérieur qui a affranchi son
esclave, lequel esclave a lui-même affranchi le sien.*

En résumé, le *patron*, qu'il soit d'origine libre ou
d'origine esclave, s'appelle *maula-el-âla*, maître supérieur ou *moudtik*, affranchissant; et son *affranchi* s'appelle *maula-el-asfel*, maître inférieur, ou *moudtak*, affranchi ou délivré de la servitude.

Cela posé, il faut dire que Khalil, pour la dévolution
de la tutelle de l'enfant en bas âge, suppose *tous les cas
possibles de liberté, d'esclavage* ou *d'affranchissement
dans lesquels peut se trouver l'enfant;* et arrivant au cas
qui nous occupe, il a *voulu* dire ceci :

« S'agit-il d'un enfant affranchi ou issu d'affranchis,
« auquel tous les tuteurs sus-indiqués fassent défaut?
« alors sa tutelle revient d'abord à son *patron direct*,
« puis au patron du patron, *si le cas se présente*, jusqu'à
« ce que l'on remonte au patron primitif ou d'origine
« libre, auquel la tutelle est enfin dévolue.

« Si les *patrons* ou leurs héritiers, dans l'ordre sus-
« indiqué, font défaut, la tutelle revient ensuite aux
« affranchis de ces patrons : par exemple, si l'enfant
« affranchi a un co-affranchi remplissant les conditions
« légales, la tutelle de cet enfant lui est dévolue. »

Voici ce que disent *Derdiri* et *Desouki* sur le passage qui nous occupe :

« Par **maula-el-àla,** il faut entendre le **patron**
« **direct** de l'enfant en bas âge (qu'il s'agit de pourvoir
« d'un tuteur). — Si ce patron, ou cet affranchissant
« *moudtik*, n'existe plus, ce sont ses héritiers qui sont
« investis de la tutelle : (le plus proche excluant le plus
« éloigné.) — Si l'affranchissant n'a pas laissé d'hé-
« ritiers et est lui-même un affranchi, la tutelle en ques-
« tion revient à son patron (ou à ses patrons, parce
« qu'il a pu être possédé en même temps par plusieurs
« maîtres).

« Par **maula-el-asfel** (auquel revient enfin la tu-
« telle), il faut entendre l'**affranchi** qui-peut être ou :
« 1° celui qui a été affranchi par le père (d'origine es-
« clave) de l'enfant en bas âge ; ou 2° l'affranchi qui l'a
« été par le grand-père paternel de l'enfant en bas âge ;
« ou 3° celui qui a été affranchi (par le même maître
« que celui qui a affranchi l'enfant en bas âge), lequel
« maître, étant venu à mourir, se trouve remplacé dans
« la tutelle (par le co-affranchi de l'enfant en bas âge). »

SECTION 5

De la minorité et de l'émancipation

Après avoir lu la traduction de M. Perron, vol. 4, section II, p. 59 *De la minorité*, un jurisconsulte français
doit se trouver désappointé, car un sujet aussi intéressant
pour notre administration, et qui est assez compliqué, ne
pouvait être traduit aussi laconiquement et aussi impar-
faitement. Je n'hésite pas à dire qu'il faudrait un gros

volume pour le traduire conformément aux idées de *Khalil* et de ses commentateurs. C'est ici le cas de dire que M. Perron a traduit des mots et non des idées. Il n'entre pas dans le plan de ma critique d'éclaircir toutes les obscurités et de rectifier toutes les erreurs que renferme l'ouvrage de M. Perron ; je vais en signaler quelques-unes :

En premier lieu, M. Perron ne parle nulle part de **majorité ;** il ne parle que d'**émancipation.** Or, comme *l'émancipation* et *la majorité* existent en droit musulman, le lecteur, étranger au droit musulman, pourrait conclure de la traduction de M. Perron que le mineur ne devient jamais complètement majeur. En effet, *l'émancipation*, ou l'acte qui, sous le rapport de la capacité juridique, place le mineur dans un état intermédiaire, entre celui des mineurs non émancipés et celui des majeurs, s'appelle *ikhtibar errouchd*, *essai de majorité*, essai qui consiste, dit *Ibn-Salamoune*, à laisser au mineur la libre administration d'une partie de ses biens, pour se livrer à des opérations commerciales, afin que par cet essai on puisse juger s'il est capable d'être prochainement déclaré majeur ; — tandis que la *majorité* proprement dite s'appelle *rouchd*, et est atteinte lorsque le *pubère* montre une aptitude désirable pour être capable de tous les actes de la vie civile.

Si Khalil n'a pas parlé explicitement de *l'émancipation*, il en a parlé implicitement, et pour lui, la *majorité* n'est pas *l'émancipation*. Dans tous les cas, comme M. Perron ne devait employer un autre langage que celui du droit, rien ne peut l'excuser d'avoir *pris l'émancipation pour la majorité*, parce qu'en droit musulman, aussi bien qu'en droit français, **ces deux états sont parfaitement distincts,** ce que M. Perron paraît avoir ignoré.

En second lieu, on est loin de penser, d'après la traduction de M. Perron, que la minorité soit de deux espèces : celle relative au gouvernement de la personne. comme je l'ai expliqué sous le chapitre Ier, section 3 de cette critique, et celle relative à l'administration des biens ; et qu'il s'agit ici de cette dernière minorité seulement.

En troisième lieu, M. Perron, t. 4, p. 59, dit :

« L'enfant est en état d'interdiction jusqu'à ce qu'il
« soit pubère. Il est, pendant le premier temps de la vie,
« confié aux soins maternels. Lorsqu'étant devenu pu-
« bère, l'enfant, fille ou garçon, montre une intelligence
« suffisamment développée, *il devient responsable de ses*
« *actions et de sa conduite,* mais il reste encore *soumis à*
« *l'autorité paternelle,* et il n'a point la *libre jouissance*
« de ses biens. »

Il semble résulter de cette traduction : 1° que les actions du mineur pubère — sur la nature desquelles M. Perron ne s'explique pas — qui ont trait à des contrats, soient obligatoires pour lui, puisque, d'après M. Perron, *il en devient responsable* ; 2° que le mineur, quoique pubère et montrant une intelligence suffisamment développée, *reste soumis à l'autorité paternelle, sous le rapport du gouvernement de sa personne ;* 3° que s'il n'a point la libre jouissance de ses biens, *il en a implicitement l'administration.*

Or, il n'en est rien. En effet, voici en substance ce que dit Kharchi :

« Ces mots de Khalil : « *L'enfant est en état d'interdic-*
« *tion jusqu'à ce qu'il soit pubère,* » signifient que l'en-
« fant (garçon), devenu pubère *âkilane,* ou montrant une
« intelligence assez développée pour distinguer le bien
« du mal, est affranchi du *gouvernement de sa personne*

« *(tedbir nefsihi)*, parce qu'en cet état, il offre assez de
« garanties pour ne pas se laisser entraîner *à des actions*
« *criminelles* dont il sait qu'il serait responsable pénale-
« ment. — Les mêmes mots signifient que, *relativement*
« *à l'administration de ses biens*, il reste en tutelle,
« comme le dit plus loin Khalil, jusqu'à ce qu'il soit re-
« connu ou déclaré apte à les administrer. »

En quatrième lieu, M. Perron, t. 4, p. 64, dit :

« L'interdiction naturelle, *ou relative au premier âge*,
« *se prolonge* jusqu'à la confirmation de la puberté, *c'est-*
« *à-dire jusqu'à ce que l'individu devenu pubère puisse*
« *se conduire* **et** *administrer ce qu'il possède*, si cet in-
« dividu a encore son père. A cette époque, l'émancipa-
« tion est établie de fait et attribue à l'individu le droit
« de libre action, de vendre, d'acheter, etc., quand
« même le père n'aurait pas émancipé. »

Il semble résulter de cette traduction que l'interdiction naturelle ou relative au premier âge — interdiction qui ne concerne que le *gouvernement de la personne*,
ce dont M. Perron ne s'est pas douté, ainsi que je l'ai
déjà démontré — se prolonge jusqu'à la confirmation de
la puberté, c'est-à-dire, selon M. Perron, *jusqu'à ce que*
l'individu devenu pubère puisse se conduire **et** *adminis-*
trer ce qu'il possède.

Cela est inexact : l'interdiction naturelle ou relative au
premier âge, comme l'appelle M. Perron, mais que les
docteurs musulmans appellent *hidjr ennèfs* (interdiction
de la personne), ou *tedbir ennèfs* (gouvernement de la
personne), par opposition à l'interdiction relative aux
biens, qui s'appelle *hidjr el-mâl*, — ne se prolonge que
jusqu'à ce que l'individu soit devenu pubère *âkilane*, ou
assez intelligent pour distinguer le bien du mal. Après
quoi, il devient majeur sous le rapport du gouvernement

de sa personne, et peut quitter la maison paternelle pour aller se fixer où bon lui semble *heïtsou cha*. Mais il reste encore mineur, quant aux biens, tant qu'il n'a pas été reconnu ou déclaré *rachid*, c'est-à-dire apte à les administrer.

Voici ce que dit Kharchi sur le passage que nous venons d'examiner :

« Ces mots de Khalil : (après la puberté, le garçon qui a son père demeure en état de minorité jusqu'à ce qu'il soit apte à conserver le bien) signifient que l'incapacité ou l'interdiction du garçon (incapacité relative aux biens seulement, puisque nous avons vu que le fait seul de la puberté avec discernement l'affranchit de la tutelle du gouvernement de sa personne) ne cesse de s'attacher à lui jusqu'à ce qu'il soit pubère rachid. C'est ce que Khalil a voulu indiquer par ces mots : « *ila hafdhi mâl* » qui veulent dire que le garçon, après sa puberté (accompagnée de discernement, quoique devenu *balir' âkilane* ou majeur pour le gouvernement de sa personne) n'est affranchi de la tutelle légale de son père (pour les biens) qu'autant qu'il est *rachid* ou *hasana ettaserrouf* (c'est-à-dire apte à les administrer parfaitement, parce qu'un individu peut être âkilane ou assez intelligent pour distinguer le bien du mal, sans pour cela être un bon administrateur de ses biens). Alors ce garçon devient majeur (de plein droit), quand même son père ne l'aurait pas délivré de l'interdiction (c'est-à-dire n'aurait pas reconnu sa majorité), contrairement à ce qui se passe pour le mineur qui est sous la dépendance d'un tuteur testamentaire, ou d'un tuteur institué d'office par le cadi (mineur qui devient majeur de plein droit, pour le gouvernement de sa personne, lorsqu'il est pubère *âkilane* ou assez intelligent pour distinguer le bien du mal,

mais ne devient majeur (quant aux biens), qu'autant
qu'après sa puberté, son tuteur l'a déclaré *rachid* (ou
apte à les administrer). »

Si ma traduction est exacte, quant à l'esprit du texte
— et je défie qui que ce soit de prouver le contraire —
M. Perron doit déjà pressentir qu'il est un peu étranger
au droit musulman.

Mais pour ne laisser aucune objection aux savants, et
leur démontrer que je suis dans le vrai, je vais leur
traduire *à la lettre* le texte de Khalil relatif aux passages
que nous venons d'examiner, en intervertissant toutefois l'ordre des mots, afin qu'ils se prêtent à la phraséo-
logie française. — Je fais observer que ce texte, dans
l'original arabe, est divisé en deux parties qui doivent
être réunies ainsi, d'après les auteurs :

Texte de Khalil :

Oua-essabi libolour'ihi ila-hafdhi-mâl di-el-ab bâdahou.

Traduction littérale de ce texte, entremêlée d'explications puisées dans les commentaires :

[L'interdiction relative aux biens frappe] le garçon
(oua-essabi) qui a son père *(di-el-ab)*, [non-seulement depuis sa naissance] jusqu'à sa puberté *(libolour'ihi)*, [mais
encore] après sa puberté *(bâdahou)*, jusqu'à ce qu'il soit
apte à conserver son bien *(ila-hafdhi-mâl)*, [c'est-à-dire
à l'administrer convenablement].

SECTION 6

De l'interdiction du prodigue ou du faible d'esprit

Au nombre des causes d'interdiction dont parle M.
Perron, vol. 4, p. 58, on ne voit nullement figurer celles
de *prodigalité* et de *faiblesse d'esprit*. D'où l'on est porté

à conclure que le musulman prodigue ou faible d'esprit, soumis à son statut personnel, ne saurait être interdit. — Or, il n'en est rien : l'individu que M. Perron qualifie d'*incapable d'administrer ce qui lui appartient* est également le prodigue ou le faible d'esprit, quoique ces deux derniers *ne soient pas absolument incapables de gérer leurs biens.*

Examinons les textes : Le mot *safih*, que M. Perron a traduit par *incapable d'administrer ce qui lui appartient*, désigne non-seulement celui qui est incapable d'administrer, mais encore celui qui, d'ailleurs apte à bien administrer, est susceptible de se laisser tromper facilement, en raison de sa faiblesse d'esprit, ou celui qui dissipe sa fortune en excessives ou folles dépenses.

Si l'on se pénètre bien des principes du droit musulman, en matière de majorité pour les biens, on voit que le mineur pubère ne devient majeur que lorsqu'il est en état de bien administrer sa fortune, et que pour bien administrer, il faut savoir non-seulement conserver (*hifdh*), mais encore faire fructifier (*tènmiya*). D'où la conséquence que le prodigue ou le faible d'esprit, quand même ils ne sont pas absolument incapables d'administrer leurs biens, sont des *safih* : l'un, parce qu'il est un dissipateur qui ne saurait ni conserver ni faire fructifier ; l'autre, parce qu'il est enclin à se laisser exploiter.

L'enfant, jusqu'à la puberté, est présumé *safih*, en raison de son jeune âge. Après la puberté, il reste mineur tant qu'il est présumé safih. Et s'il devient safih après que sa majorité a été reconnue ou déclarée, il peut être interdit.

C'est en raison de ce que l'enfant est présumé safih jusqu'à sa puberté, que Khalil a réuni dans un seul et même chapitre ces deux causes d'interdiction : 1° *essiba*, l'enfance ; 2° *ettebdir* ou *essefaha*, la dissipation du bien, causes qui font partie des sept autres indiquées par son commentateur Kharchi.

En disant donc que l'interdiction s'applique à l'individu *incapable d'administrer ce qui lui appartient*, M. Perron a été inexact, parce que, d'une part, il exclut à tort, ou fait présumer qu'il a exclu le prodigue ou le faible d'esprit, qui, eux, ne sont pas absolument incapables de gérer leurs biens ; — et parce que, d'autre part, en traduisant ce mot de Kharchi : *tebdir*, mot synonyme de *sefaha*, comme s'appliquant à l'individu incapable d'administrer ce qui lui appartient, il a commis une erreur, puisque ce mot signifie *dissipation du bien*.

Le *safih*, dit Ibn-Salamoune, ou celui qui dissipe son bien : *mobeddir limâlihi*, « doit être pourvu d'un tuteur, s'il n'en a pas. — Quant à l'individu qui n'est devenu dissipateur que depuis sa majorité, il doit être remis en tutelle. — Toutefois, les actes du majeur devenu safih sont valables tant qu'il n'a pas été interdit par un jugement, et tant que ce jugement n'a pas reçu la publicité voulue, alors même que l'état de ce safih serait aussi notoire que celui de ce fameux dissipateur de l'Andalousie, qui pilait des perles fines et en versait la poussière dans les coupes de ses compagnons de table. »

SECTION 7

De la gestation de cinq ans

Au vol. 3, p. 71, on lit :

« Quant au terme de cinq ans pour le maximum de durée possible de la gestation, il a été contesté par nombre de légistes, bien qu'il soit donné comme *le terme indiqué par Dieu.* »

Cela est inexact : le délai de cinq ans est une réponse du jurisconsulte *Abdelhakk'* aux partisans de ce délai, réponse citée par *Kharchi.* Ce jurisconsulte, s'adressant à ses confrères, leur dit : « Vous paraissez tenir à ce délai, comme s'il avait été fixé par Dieu et son Prophète ! *Ka-anna el-khams sinine fardh mine ollahi oua rasouliki.* » C'est ce passage que M. Perron a traduit, ainsi que nous venons de le voir.

Si M. Perron avait donné un résumé de la doctrine sur le délai de la gestation, on aurait vu qu'il est reconnu par tous les auteurs que la grossesse, chez la femme, se déclare du troisième au quatrième mois de la fécondation, et que la gestation est ordinairement de neuf à douze mois ; — que la gestation de plus d'une année jusqu'à cinq ne s'applique pas à une grossesse apparente, développée, mais seulement à une grossesse latente, qu'on ne peut ni affirmer ni nier, et qui, pour cause d'assoupissement léthargique de l'embryon, resterait plusieurs années avant de se développer.

Si, d'un autre côté, M. Perron, dans son *aperçu préliminaire*, nous avait donné un exposé satisfaisant des principes généraux du droit musulman, on aurait vu que tout ce qui est *d'interprétation* n'est nullement obligatoire pour le magistrat ; c'est-à-dire que, en vertu de la doctrine du libre examen, il peut appliquer son opinion personnelle sans se laisser arrêter par des précédents de doctrine ou de jurisprudence dont l'expérience lui aurait démontré l'erreur ou les inconvénients.

D'où la conséquence, selon nous, que malgré le décret du 13 décembre 1866 qui impose à la cour d'Alger l'obligation de se conformer aux décisions du midjlès, — ce qui a fait judicieusement dire à M. Meynier, dans sa brochure : *Etudes sur l'islamisme et le mariage des Arabes en Algérie*, que ce décret avait *fait de la cour une machine*, — la cour, nonobstant une décision du midjlès qui admettrait la gestation de cinq ans, pourrait parfaitement répondre sans violer ce décret :

« Que ce délai n'a pas été fixé par le Koran ;

« Qu'il rentre en conséquence dans le domaine de l'interprétation ;

« Qu'en matière d'interprétation, chaque magistrat est libre d'appliquer son opinion personnelle ;

« Que le Prophète a dit : « Le magistrat ou le jurisconsulte qui se trompe, après s'être efforcé de découvrir la vérité, a toujours droit à une récompense de la part de Dieu. »

« Que le décret précité a voulu respecter la croyance, c'est-à-dire les dogmes fondamentaux de la religion, et protéger l'exercice du culte, sans vouloir, en dehors des dogmes et du culte, imposer à la cour une interprétation qu'un jurisconsulte, ou un magistrat musulman quelconque, peut légalement repousser, et sans vouloir **surtout** lui imposer la triste obligation de **sanctionner une décision contraire aux données positives de la science ;**

« Que dès lors la décision du midjlès, d'après l'esprit du décret précité, et même d'après l'esprit de la loi musulmane, doit être mise au néant. »

Si la cour d'Alger, toujours selon nous, peut dire cela, à l'égard de la gestation de cinq ans, elle le peut également, d'après les principes du droit musulman, à l'égard de toutes les questions qui sont hostiles ou contraires à nos institutions, mais en tant, bien entendu, qu'on respecte les dogmes fondamentaux de la religion et l'exercice du culte. Et par *exercice du culte*, j'entends l'accomplissement des actes de dévotion *'âïbadat* dont j'ai parlé dans mon livre : *Initiation à la science du droit musulman*, p. 6.

SECTION 8

Du Souverain ; du Cadi

Au vol. 6, p. 96, 97 et 98, M. Perron prend l'*imam* pour le *souverain*, le *prince gouvernant*, ce qui est vrai dans le langage ordinaire. Mais dans le langage juridique, ce mot indique le *cadi*, ainsi que je l'ai expliqué dans ma brochure : *Initiation à la science du droit musulman*, p. 11.

L'erreur de M. Perron pourrait faire croire qu'un cadi n'a pas le droit de condamner à une peine afflictive ou infamante, et pourtant il a incontestablement ce droit (1).

SECTION 9

Des actes passés un jour de vendredi

Au vol. 1, p. 263 et 264, on lit :

« Sont entachés de nullité, et de plus coupables, « lorsqu'ils ont lieu au moment de la seconde annonce « de la prière, les actes suivants : une vente; *etc.* »

D'une part, Khalil ne dit pas que ces actes *sont coupables*.

---

(1) Voici un hors-d'œuvre qui m'a paru assez intéressant pour le lecteur : Ibn-Salamoune, chapitre de la souveraineté et des fonctionnaires publics, dit : « Lorsque le Kalife Omar investissait quelqu'un d'une fonction publique, il faisait « faire l'inventaire de sa fortune pour savoir de combien elle s'était accrue lors « de la cessation de ses fonctions. Et alors tout ce qui dépassait la valeur de l'in- « ventaire était, *comme mal acquis*, confisqué au profit des sujets musulmans. » — Avis aux gouvernements non corrompus.

D'autre part, M. Perron, ordinairement si prodigue de notes qui n'ont pas trait aux textes, aurait bien fait de nous donner la traduction du commentaire de Kharchi sur le passage en question. Il le devait d'autant plus qu'on lit dans son *aperçu préliminaire :*

« Mais un point *de la plus sérieuse gravité est d'étu-*
« *dier et de savoir les circonstances dans lesquelles la*
« *loi religieuse régit et gouverne la validité de nombre*
« *d'actes civils.* La liturgie, dans une religion qui est
« toute l'affaire de la société, qui embrasse toute la loi,
« commande, pour ainsi dire, aux tribunaux ; ainsi,
« une vente, une location qui serait conclue *à l'heure*
« *de la prière solennelle du vendredi,* est, par cela seul,
« *déclarée nulle par la loi.* »

Or, ce grand échafaudage, qui tend à nous prouver que la religion musulmane ne peut sympathiser avec nos institutions, et qui démontre que son auteur est plus musulman que les musulmans, tombe devant cette partie du commentaire de Kharchi :

« Mais des jurisconsultes prétendent que les actes
« ainsi passés *sont valables* et doivent être exécutés :
« *oua Kîla yèmdhi el-âkdou ;* d'autres prétendent égale-
« ment que ces actes sont valables, mais avec cette res-
« triction que le prix y stipulé n'est obligatoire pour
« aucune des parties et qu'il doit être l'objet d'une nou-
« velle estimation *oua Kîla bil-Kima,* d'après la valeur
« qu'avait la chose au moment du contrat et non au
« jour de la livraison. »

Enfin, ce n'est pas la loi, comme le dit M. Perron, qui déclare nuls ces actes, mais bien l'opinion de Khalil, ce qui est différent, opinion qui, certes, ne fait pas loi, puisque nous avons vu qu'il est permis à chaque magis-trat *d'avoir et d'appliquer la sienne.*

SECTION 10

Du droit de défense contre les attaques qui s'adressent aux personnes et aux propriétés

Au vol. 6, p. 114, on lit :

« La déclaration de l'individu assailli, affirmant avec
« serment qu'il n'a pas vu d'autre moyen d'échapper à
« l'assaillant qu'en le tuant, est admise comme vraie,
« *s'il y avait une personne présente.* »

S'il y avait une personne présente. Cela est inexact ;
Kharchi a dit : *ida Kana la yahdhirouhou ennas :* s'il
n'y avait pas de témoins. On comprend en effet que
s'il y a eu des témoins, ce n'est plus la déclaration de
l'individu assailli qui doit être acceptée, mais bien celle
des témoins.

Sur ce sujet, je vais donner la traduction de divers
passages extraits des auteurs arabes.

§ 1.

Extrait d'*ibn-Salamoune*, chapitre *Etta-âddi :*

« Il est permis à chaque individu de repousser par la
« force toute attaque violente dirigée contre lui, ou sa
« famille, ou son bien, provenant d'un animal, d'un
« fou furieux, d'un enfant, ou d'une grande personne
« privée ou non de sa raison. Si l'assailli *juge* qu'il ne
« pourra échapper au danger dont il est menacé qu'en
« tuant *tout d'abord l'agresseur,* cela lui est permis,
« sinon, non. (*C'est-à-dire que si l'assailli a jugé qu'il*
« *pourrait échapper au danger sans tuer l'agresseur, il*
« *ne lui est pas permis de le tuer ; mais à cet égard, il*

« *n'a d'autres juges que sa consc'ence et Dieu.*) Enfin,
« si l'assailli peut se sauver, sans qu'il en résulte un
« préjudice pour lui (*ou ceux qu'il doit défendre*), il ne
« lui est pas permis de repousser (tout d'abord) l'at-
« taque par blessures ou autrement. — (On suppose
« ici qu'il n'y a encore eu que *tentative* de la part de
« l'agresseur; mais s'il y a eu *exécution*, l'attaqué peut
« employer la force.) »

§ 2.

Extrait de Kharchi, commentaire sur Khalil, chapitre
hadd eche-cha-rib.

« L'attaque violente provenant d'un individu *mokel-
« lef* ou non *mokellef* (1), — lorsqu'elle s'adresse à la
« personne, aux biens ou à la famille, — peut être re-
« poussée par la force. Si l'agresseur est un être raison-
« nable, l'assailli doit d'abord l'inviter à se retirer, en

(1) Un individu est *mokellef* ou non *mokellef* selon qu'il est responsable ou irresponsable pénalement. D'une part, la majorité en matière pénale n'étant atteinte qu'à l'âge de puberté, il s'ensuit que l'impubère n'est jamais responsable. — D'autre part, le pubère, qu'il ait ou non la capacité juridique civile, n'est responsable qu'autant qu'il a agi *librement* et avec *discernement*. En conséquence sont irresponsables : 1° celui qui a agi sous le coup d'une contrainte physiq e ou morale ; 2° celui qui a agi en état de légitime défense ; 3° l'individu en démence, si au moment de l'action, il n'avait pas sa lucidité. — L'ivresse, tant qu'elle ne dégénère pas en démence, n'est pas une cause d'irresponsabilité, parce qu'elle est sévèrement réprimée par la loi ; mais si elle a été complète, tout à fait abolitive du sens moral, et si chez celui qui en était atteint, il n'y a plus eu qu'un *animal furieux* (medjnoune), elle est assimilée à la démence, et dès lors est exclusive de toute responsabilité. — L'obéissance passive entraine la responsabilité de celui qui a donné l'ordre et de celui qui l'a exécuté.

Lorsque Kharchi dit que l'attaque violente provenant d'un individu *mokellef* ou non *mokellef* peut être repoussée par la force, c'est afin qu'on ne croie pas que, par ce seul fait que le non *mokellef* échappe à toute pénalité, il soit défendu de le frapper dans ses entreprises.

« lui disant trois fois : je te commande (1), au nom de
« Dieu, de me laisser tranquille. — Si au contraire,
« l'agresseur est un être irraisonnable, un animal (un
« fou), l'assailli, sans employer la formule du comman-
« dement, doit commencer par s'en débarrasser en re-
« courant d'abord aux moyens légers, puis (s'ils sont
« inefficaces), il peut le tuer. Mais (dans tous les cas),
« la déclaration de l'assailli, accompagnée de son ser-
« ment, et en tant qu'il n'y avait pas de témoins de
« l'attaque, est admise comme vraie (relativement à la
« nécessité où il était de se défendre.)

« Ce qu'il y a d'évident en pareil cas, c'est que le
« commandement dont il vient d'être parlé, est pure-
« ment *facultatif et louable* (*mousthabb*); qu'il est per-
« mis à l'attaqué de débuter en tuant l'agresseur, s'il
« croit que ce moyen soit le seul efficace à employer,
« et qu'alors il n'encourt aucune responsabilité.

« Enfin, si l'attaqué peut se sauver sans qu'il en ré-
« sulte un *modherra* ou préjudice pour lui (ou ceux
« qu'il doit défendre), il ne lui est pas permis de tuer,
« ni même de blesser l'agresseur. » — (Reste alors la
question de savoir si en laissant son bien à la disposition
d'un voleur, il n'en résultera aucun préjudice pour l'attaqué? Cette appréciation est évidemment laissée à la
conscience de l'attaqué, d'après l'esprit du texte.)

(1) M. Perron a traduit *je te commande* par *je te conjure*. Or, conjurer, c'est
prier, et tel n'a pu être le langage de la loi. L'individu placé sous la sauvegarde
des lois divines et humaines ne doit pas prier un malfaiteur; il doit lui commander.
Si dans certains cas, il est contraint d'employer la supplication, ce n'est plus la
loi qui parle, c'est la peur ou la nécessité.

§ 3.

Extraits d'*Ibn-Salamoune*, chapitre *El-Hiraba* du brigandage sur les grands chemins :

« Le *Hiraba* est l'acte par lequel un individu *mani-*
« *feste* à l'égard d'un autre, le dessein (1) *de s'emparer*
« *de son bien*, avec une attitude telle, que celui qui est
« l'objet de l'agression soit autorisé par l'usage à ré-
« clamer du secours, — *quand* même l'agresseur n'aurait
« pas tenté de tuer l'individu auquel il s'adresse, —
« *quand* même il ne l'aurait pas encore dépouillé,—
« *quand* même il aurait été ou non porteur d'armes,
« — *quand* même il aurait agi dans l'intérieur ou à
« l'extérieur d'une ville, — et *quand* même il n'aurait
« rien exigé de lui...

« Est assimilé au *moharib* ou au coupable de hiraba,
« *le voleur de nuit ou de jour*, dans *une maison* ou
« dans *une rue*, avec cette circonstance (qu'il a agi ou
« tenté d'agir) de *mokabara* force ou violence...

« Il est unanimement reconnu que l'individu qui
« exerce l'acte dit *hiraba* peut être tué par celui auquel
« il s'adresse. Toutefois, s'il est possible à l'attaqué
« de l'adjurer préalablement, au nom de Dieu, de
« cesser son entreprise, il fait bien. »

---

(1) Il va sans dire que le *hiraba* consiste *à fortiori* dans l'exécution de ce dessein Les jurisconsultes musulmans, quand il s'agit de caractériser quelque chose,
posent leurs indications du *moins au plus*, et non du *plus au moins*, afin d'éviter
autant que possible la controverse, et afin surtout de repousser l'arbitraire en
matière pénale. Si l'auteur avait dit que le hiraba *consiste dans le fait de s'emparer du bien d'autrui*, la tentative n'aurait pu être considérée comme constituant
le crime de hiraba.

§ 4.

Extrait d'*Ibn-Salamoune*, chapitre *Essirka* du vol. :

« Le *Sirka* ou vol est l'acte *clandestin* par lequel
« un individu *s'empare frauduleusement* du bien d'au-
« trui, avec cette circonstance que l'individu qui s'en
« empare, n'en est ni le gardien, ni le dépositaire. »

Il n'est nullement question dans ce chapitre des mesures que l'attaqué peut employer contre le voleur,
parce qu'il n'y a *crime de vol*, en droit musulman,
*qu'autant qu'il y a fraude et clandestinité, et que le vol
a été consommé par l'appréhension de la chose et son
enlèvement du lieu où elle se trouvait;* ce qui implique
que tout se passe à *l'insu du volé*. Mais si dans la tentative ou l'action de vol, l'attaqué survient et se trouve
face à face avec le voleur, celui-ci est considéré comme
moharib, ainsi qu'il a été dit sous le § 3 ci-dessus, du
moment qu'il reste et qu'il paraît vouloir consommer son crime. Alors, l'attaqué peut le tuer.

S'il n'y a crime de vol que dans les conditions préci-
tées, ce n'est pas à dire que le vol tenté ou non consommé
échappe à toute pénalité. Il est puni de peines discrétionnaires : les coups ou la prison ; tandis que le vol
complet entraîne l'ablation d'une main ou d'un pied, et
que c'est en raison de la gravité de cette peine, — que
l'on ne peut commuer, parce qu'elle résulte d'un texte
formel du Koran, — que la doctrine, par humanité, a
défini le vol ainsi que nous venons de le voir, — ce qui
lui était permis en présence du laconisme du texte sacré,
— afin que le malfaiteur, depuis le dessein, la tentative
et l'exécution jusqu'à l'enlèvement, eût le temps de

renoncer à sa mauvaise action, et pût encore trouver commisération devant la loi, en échappant à l'ablation.

Il nous semble donc résulter de ces textes indiqués sous les § 1, 2, 3 et 4 ci-dessus, — le cas cependant excepté d'un simple maraudage *de jour*, dans les conditions de l'article 475 § 15 de notre code pénal : —

Que le propriétaire ou le fermier d'un terrain, sur lequel existe une récolte en maturation ou en maturité, pendante par racines ou détachée du sol, que ce terrain soit clos ou non, qu'il soit ou non attenant à une habitation, a le droit, pendant le jour et pendant la nuit, de repousser par la force le vol ou la tentative de vol qui s'adresse à sa récolte ; et que l'exercice de ce droit est considéré comme un cas de contrainte morale tel que l'attaqué est le seul juge de la nécessité où il était de se défendre, sans que cette nécessité puisse être appréciée par le magistrat.

———

SECTION 11

Répudiation ; adda

Au vol. 3, p. 61, on lit :

« Toute femme libre, musulmane ou non [lorsqu'elle
« *est répudiée par son mari musulman*, ou lorsqu'elle
« en est *séparée par un acte judiciaire*, ou lorsqu'elle
« devient veuve], doit se soumettre à une retraite ou
« attente légale [avant de convoler à de secondes noces.
« Le but est de s'assurer si la femme est enceinte ou
« d'attendre qu'elle soit accouchée]. »

Voici la traduction des textes arabes d'où M. Perron a extrait la sienne :

1° *Commentaire de Kharchi :*

« Ibn-àrfa définit l'àdda : l'espace de temps pendant

lequel une femme ne peut se remarier, soit après que son union a été annullée, soit après que son mari est mort, soit après que son mari l'a répudiée [ou qu'elle a répudié son mari]. Dans cette définition rentre le cas d'observation de l'àdda par *une* femme faisant partie de *quatre* femmes possédées par son mari, femme que le mari a répudiée pour en épouser une autre, en son lieu et place, [afin qu'il ne dépasse pas le nombre de quatre femmes qu'il soit seul permis à un musulman de posséder en même temps]. »

2° *Texte de Khalil :*

« La femme libre, quand même elle serait *Kitabiya*, [juive ou chrétienne] doit observer l'àdda. »

3° *Commentaire de Kharchi sur le texte ci-dessus :*

« En mentionnant la femme libre, Khalil veut indiquer celle qui est soumise à un àdda de trois *K'orou* ou périodes successives de pureté menstruelle, [afin qu'on ne confonde pas l'àdda de cette femme avec l'àdda de la femme esclave qui n'est que de deux K'orou].

« La doctrine malékite ne fait aucune distinction, pour l'observation de l'àdda, entre la femme musulmane et la femme *mécréante* (1), soit que cette femme ait été répudiée par un mari musulman, ou soit que cette femme [juive ou chrétienne] ait été répudiée par un *mari non musulman*, si cette dernière doit se remarier à un musulman.

« Quant aux unions conjugales entre les mécréants [qui habitent un pays soumis à la loi islamique], on n'y met aucun obstacle, [en les soumettant préalablement à l'observation de l'àdda, dans les cas où il est obligatoire

---

(1) Par *mécréante*, il faut entendre la femme juive ou chrétienne seulement, parce qu'une femme d'une autre religion n'est pas permise à un musulman.

pour nos femmes, parce que les mécréants établis chez nous, se gouvernent d'après leurs lois, comme ils l'entendent, et qu'ils ne sont tenus qu'à nos lois de police et de sûreté], à moins qu'ils ne consentent à être jugés par nos tribunaux [auquel cas, on leur impose l'âdda dans les circonstances sus-indiquées]. Mais à leur égard, notre âdda prend le nom d'*istibra* [comme chez nous musulmans, nous appliquons l'istibra aux unions illégitimes ou au concubinage légal], parce que d'après notre loi, leurs mariages sont entachés de nullité [et ne peuvent être considérés que comme des unions illégitimes]. Seulement, lorsque les mécréants viennent à embrasser l'islamisme, nous maintenons les unions [qu'ils avaient contractées avant leur conversion], et cela, pour les engager à entrer dans le giron de l'islam. »

D'après cette traduction, dont je garantis l'exactitude, celle de M. Perron ne me semble pas conforme à l'esprit des textes.

Ainsi, 1° par *non musulmane*, M. Perron donne à penser qu'un musulman peut, en dehors de sa religion, épouser une femme quelconque, autre qu'une juive ou une chrétienne : ce qui est une erreur ;

2° Par *répudiée par son mari musulman*, on peut croire que la femme qui a répudié son mari ne soit pas soumise à l'âdda ; et que la femme non musulmane qui a été répudiée par son mari juif ou chrétien, *et qui doit se remarier à un musulman*, ne soit pas non plus soumise à l'âdda : ce qui constitue autant d'erreurs ;

3° Par *séparée par acte judiciaire*, on est porté à penser que la séparation de corps existe en droit musulman comme en droit français : ce qui est une autre erreur.

En conséquence, M. Perron aurait été plus exact, s'il eût traduit ainsi :

« La femme libre, musulmane, juive ou chrétienne, dont le mariage avec un musulman a été dissout, soit par suite de nullité, soit par suite de répudiation, soit par suite de son décès, est, avant de convoler à d'autres noces, soumise à l'observation d'un délai de continence appelé *âdda*, dans le but d'empêcher *la confusion de part*, ou de savoir à qui, le cas échéant, la paternité doit être attribuée.

« La femme libre, juive ou chrétienne, dont le mariage avec un juif ou un chrétien, a été dissout par les mêmes causes, est également soumise à l'observation de l'âdda, *lorsqu'elle doit se remarier à un musulman*. »

Puis, afin de bien édifier le lecteur, M. Perron eût ajouté en note :

« L'enfant, garçon ou fille, issu d'un père musulman et d'une mère mécréante, a la qualité de musulman, et doit être élevé dans la religion de son père. »

————

SECTION 12

Meurtre ; assassinat. — Position des infidèles en pays musulmans

Au volume 5, p. 342 de la traduction de M. Perron, on lit :

« Pour que l'agent du meurtre ou de l'homicide volontaire et intentionnel encoure la peine du talion, il faut : 1° qu'il soit *pubère et doué de raison*, fût-il esclave ; 2° *qu'il ne soit point ennemi des musulmans, et habitant en pays des infidèles*, car alors il n'est point soumis aux principes et à l'autorité de la loi musulmane ; etc. »

Par *pubère et doué de raison*, M. Perron a voulu
rendre le mot *mokellef*. Or, si nous nous reportons à ce
que nous avons dit, chapitre 1er, section 10, § 2, sur le
sens du mot *mokellef*, on voit que M. Perron n'a été
exact qu'en partie, puisqu'il est admis que celui qui est
sous le coup d'une contrainte physique ou morale, ou en
état de légitime défense, *quoique pubère et doué de raison*, n'est pas responsable pénalement. — M. Perron ne
nous a donc donné aucune idée des conditions juridiques
qui sont indispensables pour entraîner la responsabilité
de l'auteur d'un crime ou d'un délit. Des développements
à cet égard n'eussent pas été inutiles pour l'application
de notre loi pénale aux Arabes; et le silence de M. Perron
peut lui être reproché, en présence de beaucoup de ses
notes qui n'ont aucun intérêt pour nous, et ne peuvent
servir à l'élucidation de sa traduction.

Par *qu'il ne soit point ennemi des musulmans, et habitant en pays des infidèles*, M. Perron laisse croire que le
mécréant, ennemi des musulmans, habitant en pays des
infidèles, et auteur d'un meurtre ou d'un assassinat sur
la personne d'un musulman, *échappe à toute pénalité*,
tandis que le sens du texte et du commentaire est
celui-ci :

« *Le mécréant qui est harbi ou ennemi des musulmans*, — qui habite en pays des infidèles et qui, volontairement, contre le droit de la guerre ou le droit des
gens, a tué un musulman en pays mécréant, échappe à
la loi du talion, tant qu'il se trouve en pays mécréant,
parce qu'en dehors des pays d'islam, la loi n'a pas de
moyens coercitifs. Mais voici le sort de ce mécréant : s'il
vient spontanément se soumettre au pouvoir musulman
et manifester son repentir en se convertissant à l'islam,
il est affranchi de toute pénalité ; — si, avant sa soumis-

sion, il est pris en pays d'islam, ou si, pris en pays mécréant, il est conduit en pays d'islam, alors la loi du
talion lui est applicable, à moins que les parents de la
victime ne consentent à entrer en composition avec
lui (1).

« Nous disons : « *le mécréant qui est ennemi des*
musulmans » parce que, s'il en était *l'ami*, son crime
serait une trahison, et qu'il n'y aurait pas de pardon
pour le coupable, quand même il voudrait se convertir
à l'Islamisme. »

Pour bien faire comprendre ce que Khalil a entendu
par *ennemi des musulmans*, je vais donner quelques
détails sur la condition des infidèles en pays d'Islam.

Notons d'abord que le musulman, qu'il fasse partie
des nationaux ou des étrangers, est régi par le Koran,
d'après la doctrine de la secte à laquelle il appartient.
L'Islamisme étant considéré comme une vaste corpora-

(1) La loi pénale musulmane est *territoriale* et *personnelle* — Comme *territoriale*, elle atteint toutes les infractions aux lois de police et de sûreté, commises
non-seulement par ceux qui habitent le territoire islamique, mais encore par ceux
qui n'y sont que de passage. — Comme *personnelle*, elle suit le musulman *hors
des pays d'islam*, pour le punir dans les infractions religieuses qu'il a commises
librement hors de ces pays, et pour le protéger contre les attaques de qui que ce
soit, s'adressant à sa personne ou à ses biens ; car la pénalité résultant de ces
sortes d'attaques est une vengeance que le pouvoir musulman peut exercer en
faveur des croyants seulement. Mais comme dans ce cas de protection, la loi musulmane n'a pas de moyens coercitifs en pays mécréants, puisqu'elle ne peut légalement appliquer ses sanctions qu'en pays d'islam, l'infracteur n'est puni qu'autant
qu'il est arrêté et mis à la disposition du pouvoir musulman. Toutefois comme cet
infracteur n'est pas soumis aux principes et à l'autorité de la loi musulmane, puisqu'il s'est rendu coupable dans un pays où cette loi n'a plus d'action, il échappe
à toute *répression*, lorsqu'il vient spontanément se soumettre au pouvoir musulman
et manifester son repentir en se convertissant à l'islam, mais il doit des réparations
civiles. Cette soumission ne paraît exigée que dans le cas où la répresssion entraîne
la peine de mort. Dans tout autre cas, la doctrine semble se contenter d'une
réparation civile.

tion (*djema'â el mouslimine*), il s'ensuit que l'individu a les droits de citoyen en tout pays d'Islam.

Quant aux infidèles, ils sont considérés comme 1° *dimmi*, 2° ou *moustamine*, 3° ou *harbi*, 4° ou *madjousi*, 5° ou *mourtedd*.

Le *dimmi* est le juif ou le chrétien, sujet d'un pays musulman, qui, moyennant le paiement de la capitation, vit sous la protection de la loi musulmane. La protection, moyennant le paiement de la capitation, n'est accordée par les musulmans, qu'aux juifs et aux chrétiens, parce que leurs religions, avec celle de l'islam, sont les seules que les musulmans reconnaissent comme révélées.

Le *moustamine* (assimilé au peregrinus des Romains) est le juif ou le chrétien, étranger au pays, qui n'y est que de passage, et qui y vit sous la protection des traités ou du droit des gens.

Le *harbi* (hostis) est le juif ou le chrétien d'un pays en guerre avec les musulmans, ou d'un pays qui, sans être en guerre avec eux, n'a pas fait de traités pour assurer la position de ses nationaux en pays d'islam. S'il est pris les armes à la main, en pays d'islam, combattant contre les musulmans, il est traité comme l'apostat, ou obligé d'opter entre sa conversion à l'islamisme ou la mort. Mais dans toute autre circonstance, sa personne et ses biens sont respectés, s'il vient se placer sous la protection de la loi musulmane, en payant la capitation *djezia*.

Le *madjousi* (assimilé au *barbarus* ou à celui qui est placé hors des limites de la civilisation) est l'idolâtre ou le pyrolâtre dont les musulmans ne reconnaissent pas la religion, comme ils reconnaissent celles des juifs et des chrétiens. Il ne peut résider en pays musulman,

même en payant la capitation, *car elle n'est pas acceptable de lui*, dit Kharchi, au commencement du
chapitre *ahkam eddima*. S'il n'évacue pas le territoire
des croyants dans un délai de trois jours, à partir de
la sommation qui lui en est faite, il est traité comme
le *mourtedd*.

Le *mourtedd* est celui qui a apostasié la religion de
l'islam. Il est mis hors la loi, tant qu'il n'est pas re-
venu à l'islamisme, et n'a qu'un délai de trois jours
pour opter entre son retour ou la mort. »

Un fait digne de remarque, c'est que la loi musulmane
accorde aux juifs et aux chrétiens une protection efficace
dans leurs personnes et leurs biens, lorsqu'ils payent la
capitation ; — qu'ils peuvent pratiquer leurs religions
comme ils l'entendent, — et que pour leurs attaques
contre les personnes et les propriétés, ils sont, dans certains cas, traités moins rigoureusement que les musulmans, parce que, disent les docteurs, les infractions
étant considérées tout à la fois comme une atteinte
aux droits des individus *hokouk ennas*, et comme une
atteinte aux droits de Dieu *hokouk ollah*, il en résulte
que le musulman est puni pour cette double infraction, car il est censé connaître la loi ; — tandis que
l'infidèle, qui n'a pas été éclairé par les lumières de la
vraie foi, a pour lui une ignorance excusable jusqu'à
un certain point. Ainsi, la fornication entre une musulmane et un mécréant entraîne, contre la femme, la
peine de la fustigation si elle n'est pas mariée, et la
peine de la lapidation si elle est mariée, et entraîne
les mêmes peines contre le musulman coupable de
fornication avec une musulmane ; — tandis que pour
le mécréant, elle n'entraîne qu'une peine arbitraire,
toujours moindre que celle prononcée par la loi,

peine que le juge est libre d'appliquer ou de ne pas appliquer (1).

Sous le rapport de la croyance et du culte, la plus grande tolérance est accordée par la loi, *mitigée par la doctrine*, aux juifs et aux chrétiens : on ne doit pas les contraindre à changer de religion. En effet, *Ibn-Salamoune*, dans un acte de conversion d'un chrétien à l'islamisme, termine ainsi :

« Ledit chrétien a agi de son propre mouvement, sans que, sous l'influence de la peur ou de la contrainte, il eût été mis dans la nécessité d'abjurer sa religion pour embrasser l'islamisme. Et cela *(tel est l'esprit du texte)* doit être ainsi, si une religion veut avoir dans son sein, de vrais fidèles et non des hypocrites. »

La voilà donc jugée cette loi musulmane qui a imposé sa religion par le glaive et la terreur, et qui vient aujourd'hui, par suite de l'interprétation libérale qu'en ont faite les docteurs musulmans, nous donner des leçons de tolérance !

Chaque religion a eu ses martyrs ; mais l'histoire est là pour nous signaler des religions qui, de persécutées qu'elles étaient, sont devenues, à la suite de leurs victoires, persécutrices, inhumaines, en abusant de la force matérielle pour s'imposer par les massacres et les bûchers ; tandis que la religion musulmane, à la suite de son triomphe, n'a plus voulu s'imposer que par la per-

(1) D'après l'esprit de la doctrine musulmane, les mécréants, sujets d'un pays musulman, sont soumis aux lois de police et de sûreté. Les lois purement civiles leur sont applicables, du moment qu'un musulman est en cause. Les mécréants, entr'eux, peuvent administrer la justice civile, d'après leurs lois particulières, pourvu qu'ils ne troublent ni l'ordre, ni la tranquillité publics ; mais si l'une des parties en réfère à la juridiction musulmane, l'adversaire est obligé d'accepter cette juridiction. — Le statut personnel du mécréant ne peut jamais être opposé au musulman.

suasion, et a dit à ses aspirants : Si vous n'êtes pas
convaincus, restez ce que vous êtes, plutôt que de devenir des hypocrites !

———

SECTION 13

De l'hypothèque

Au volume 3, p. 505, M. Perron traduit le mot *rhène*,
tout à la fois par nantissement, gage, antichrèse, *hypothèque conventionnelle.*

Or, l'hypothèque n'a jamais existé en droit musulman.
Ce qui constitue le *rhène*, c'est la *tradition*, tandis que
l'hypothèque est exclusive de tradition. Par le rhène, le
débiteur se dessaisit de sa chose mobilière ou immobilière pour la donner en garantie à son créancier, par
privilége et préférence à tous autres. Le créancier doit
prendre possession *réelle* de cette chose, ou en faire
prendre possession par un tiers convenu, à peine de
nullité de contrat. A ce point de vue, en peut dire, avec
l'article 2,071 du code civil, que le rhène est un nantissement par lequel un débiteur remet une chose à son
créancier pour sûreté de la dette. Mais ce nantissement,
qu'il comprenne une chose *mobilière* ou *immobilière*,
est assimilé au gage en droit français. En outre, ce
nantissement se rapproche de notre antichrèse, s'il
comprend une chose immobilière, en tant que le créancier a été autorisé à recueillir les fruits pour son compte
et à les imputer sur sa créance ; mais il en diffère en ce
que, par l'antichrèse, le créancier n'acquiert que le droit
de recueillir les fruits, en les imputant sur sa créance,
sans qu'il puisse acquérir aucun droit réel, ni hypo-

thèque, ni privilége sur l'immeuble ; tandis qu'en droit musulman, le créancier acquiert sur l'immeuble le droit de se faire payer par préférence à tous autres, et *jamais une hypothèque.*

SECTION 14

Imposition de mariage à une fille incestueuse

On lit, volume 2, p. 327 :

« Mais un père imposera-t-il un mariage à sa fille
« coupable *d'inceste*, si la faute ne s'est pas répétée et
« n'est pas connue, ou bien imposera-t-il le mariage,
« même quand cette fille sera rendue coupable plusieurs
« fois ? Il y a deux manières de voir à cet égard. Toute-
« fois, l'avis prépondérant est qu'il ne convient alors
« d'oblig·r au mariage que si l'inceste n'a eu lieu que
« rarement et ne s'est pas ébruitée. »

D'où l'on doit conclure que si la fille est coupable d'une conjonction illicite *non incestueuse*, il n'y a pas lieu de poser la question.

Or, Khalil a parlé de toute *conjonction illicite de la part d'une fille* et non pas seulement de l'inceste.

Cette erreur est une nouvelle pâture donnée aux publicistes, pour faire voir que la loi musulmane est facile sous le rapport des mœurs, puisqu'elle défendrait l'inceste, mais tolérerait la fornication entre personnes *qui peuvent contracter mariage ensemble.*

SECTION 16

De l'interdiction de l'esclave

On lit, volume 4, page 77 :

« Le *droit* d'interdiction sur l'esclave, quelle que soit
« la forme de l'esclavage, *appartient au patron directe-*
« *ment,* c'est-à-dire sans qu'il soit besoin d'intervention
« ou de confirmation de la part de l'autorité judiciaire
« ou civile ; car l'esclave est une propriété. »

D'où l'on est porté à conclure que si le patron n'exerce
pas le droit d'interdiction, l'esclave a la capacité juridique, du moment qu'il est pubère et apte à bien administrer les biens ; tandis que Khalil, commenté par
Kharchi, a dit *que la loi frappe d'incapacité ou d'interdiction l'esclave dans l'intérêt de son patron (aï hadjara
eche-cherá àla errak'ik' li-hak'ki esséyid).* Ce qui signifie
que l'esclave, *par le seul fait de son état,* est interdit
par la loi, de même que l'enfant libre est également interdit de plein droit *par le fait seul de sa minorité.*

SECTION 17

De l'esclave habilité à faire le commerce

Au volume 4, page 78, on lit :

« L'esclave auquel il a été permis de se livrer à des
« opérations commerciales, et qui opère ou à ses propres
« frais, ou aux frais de son maître, soit que dans ce
« dernier cas les bénéfices doivent revenir à l'esclave,
« soit qu'ils doivent revenir au patron, *est toujours un*

« *mandataire réel*. Tout en commerçant pour son patron,
« l'esclave peut commercer en même temps pour lui-
« même, et alors, s'il contracte une dette, *elle est au*
« *nom et à la charge de tous les deux*. »

Cette traduction contient deux erreurs : 1° en ce qu'elle
dit que l'esclave est toujours un mandataire réel, 2° en
ce qu'elle dit que la dette est au nom et à la charge de
tous les deux.

En effet, voici comment s'explique Kharchi :

« Sachez que le *madoune lahou* est l'esclave autorisé
« à faire le commerce avec les fonds de lui esclave, ou
« avec les fonds de son maître, sous la condition, dans
« l'un et l'autre cas, que les bénéfices seront pour lui
« seul, esclave, *à l'exclusion du maître*.

« Mais, si [contrairement à cela], l'esclave commerce
« avec les fonds de son maître, *sous la condition que ce*
« *maître aura les bénéfices*, [ou qu'il en aura une partie,
« — ou bien, si l'esclave commerce avec ses propres
« fonds, sous la condition d'une part des bénéfices au
« profit du maître,] alors, *certes*, l'esclave est considéré
« comme un *véritable mandataire (le-kana ouakilane)*
« [qui engage son mandant pour toutes les dettes que
« lui esclave peut contracter], et *non* comme un *quasi-*
« *mandataire (là he-ouakil)* [ainsi que l'entend khalil,
« quasi-mandataire qui ne peut jamais engager au-delà
« de l'avoir commercial dont il dispose].

« Maintenant, si [dans les conditions que nous avons
« indiquées plus haut et qui *caractérisent* le *madoune*
« *lahou*,] l'esclave n'a été autorisé à faire le commerce
« qu'avec les fonds du maître, il n'en a pas moins le
« droit *illimité*, lui esclave, de faire le commerce avec
« ses propres deniers, mais dans l'un et l'autre cas, les
« dettes qu'il contracte ne sont jamais qu'à la charge

4

« des *deux fonds* commerciaux *màléïni* dont l'esclave a
« disposé, [sans que les créanciers puissent recourir
« contre le maître, ni même contre l'esclave *personnelle-*
« *ment,* car c'était à eux de s'informer si l'esclave agissait
« comme un *madoune lahou,* — c'est-à-dire comme un
« quasi-mandataire qui ne peut engager que la chose
« dont il dispose, — ou bien s'il agissait comme un vé-
« ritable mandataire pouvant engager la responsabilité
« personnelle de son maître.] »

Il eût été contraire au droit et à l'équité que l'esclave
commerçant avec les fonds de son maître, et ayant les
bénéfices *pour lui esclave,* pût engager la responsabilité
du maître, au-delà du capital avancé par ce dernier : le
bienfait du maître eût dégénéré en une charge pour
lui.

M. Perron aurait donc dû traduire ainsi : « L'esclave
auquel il a été permis de se livrer à des opérations
commerciales, s'appelle *madoune lahou.* Ce qui *légale-*
ment caractérise le madoune lahou, c'est qu'il a seul
droit aux bénéfices qu'il réalise, soit qu'il opère avec
ses propres fonds, soit qu'il opère avec ceux de son
maître. Dans ces conditions, il est considéré comme un
quasi-mandataire qui ne peut jamais engager que l'argent et les marchandises dont il dispose pour lui ou
pour son maître. Mais si, contrairement à ce qui caractérise le madoune lahou, le maître stipule pour lui tout
ou partie des bénéfices, l'esclave devient alors un véritable mandataire qui engage la responsabilité personnelle
de son mandant. »

CHAPITRE II

GÉNÉRALITÉS

---

§ 1.

La connaissance du droit musulman, malgré le talent et les efforts d'orientalistes distingués, est encore à l'état d'enfance. Tout esprit impartial et désintéressé dans la question peut se convaincre de l'exactitude de cette assertion, en étudiant les traductions publiées sur la matière : le vague qui y règne plonge le lecteur dans un cahos d'incertitudes, et le met ordinairement dans l'impossibilité de distinguer les préceptes ou règles de conduite à l'observation desquelles il est permis d'astreindre l'homme par une cœrcition extérieure ou physique, — de ceux qui ne sont que facultatifs ou arbitraires, c'est-à-dire à l'égard desquels les tribunaux n'ont aucun moyen d'action.

Il est à remarquer que la plupart des orientalistes *n'ont aucune connaissance du droit en général, ni du droit musulman, ni de celui de la langue de la traduction en particulier, et qu'ils sont tout à fait étrangers aux principes d'après lesquels les docteurs raisonnent dans les livres de jurisprudence,* principes qui ne sont pas indiqués dans ces livres, *parce qu'ils sont censés connus du lecteur.*

Par suite, les traductions sont littérales, — *signe certain de timidité et d'incertitude,* — et semblent avoir voulu rendre des *mots* et non des idées ; leur terminologie est défectueuse et a surtout l'inconvénient de paraître indiquer des analogies ou des rapprochements là où il n'en existe pas. Il y a plus : des erreurs graves ont fait voir, dans la législation musulmane, les lois de la nature et de la morale foulées aux pieds, ce qui a conduit les publicistes à écrire, sur la foi des savants, que la loi musulmane est non-seulement immorale, mais encore qu'elle est un obstacle à toute civilisation, qu'elle répugne au progrès, qu'elle est abrutissante : de pareilles accusations contre le peuple qui, pendant plus de sept cents ans, *a été le plus riche et le plus civilisé des peuples de l'Occident,* ne pouvaient raisonnablement être imputées aux institutions qui l'ont vu et fait grandir, mais à d'autres causes qui ont graduellement amené son abaissement, et parmi lesquelles il faut signaler surtout : 1° *l'ignorance des magistrats modernes dans l'interprétation et l'application de la loi* (1), et 2° le morcellement du pouvoir entre les successeurs des Califes, qui a donné accès aux brigues, à la cupidité, à la corruption, à l'égoïsme et à l'oubli de tous devoirs de la part des heureux de la terre envers les infortunés.

La rareté des manuscrits exposant les éléments du

---

(1) Effectivement, aujourd'hui, surtout en Algérie, il n'y a plus de *moudjté-hidine* ou d'interprètes de la loi ; il ne reste que des *moquellidine* ou des individus qui suivent *aveuglément* la doctrine d'un auteur quelconque, et qui sont bien embarrassés lorsque cette doctrine est silencieuse, obscure ou insuffisante, parce-qu'ils craignent d'émettre une opinion entachée de schisme ou d'hérésie.

droit musulman, et enseignant l'art d'interpréter la loi
d'après les principes sur lesquels a été basée la société
arabe, a été, en grande partie, la cause des fausses
appréciations des savants qui, *réduits à traduire de
simples ouvrages de jurisprudence*, ont dû errer à l'aven-
ture. Au nombre de ces manuscrits, je signale le livre
d'*abou-l-mâali*, qui m'a grandement servi pour mon ouvrage : *Initiation à la science du droit musulman*. On y
voit, — ce que les orientalistes paraissent n'avoir pas
soupçonné, — que la loi musulmane *n'est pas immuable,*
excepté à l'égard des dogmes fondamentaux de la religion ; qu'elle est *toujours perfectible* au moyen de l'interprétation, et que *toutes les divergences sont légales,*
parce que chaque auteur qui se croit capable d'inter-
prêter la loi, *peut avoir raison*, attendu qu'il n'y a que
Dieu qui connaisse toute la vérité.

*Puissant levier au moyen duquel les Souverains chré-
tiens peuvent légalement relever une race déchue, en lui
imposant la plupart de leurs institutions, tout en gardant
la foi due aux traités, sans qu'ils puissent être accusés
d'imposer des schismes ou des hérésies !*

Et qu'on ne vienne pas nous opposer l'habitude, l'u-
sage ou la coutume, comme des obstacles invincibles à
l'établissement de nos institutions en Algérie, car il est
démontré par les faits que le peuple arabe, — non ses
chefs qui ont intérêt au *statu quo*, — accepte avec *soumission*, *empressement* et *reconnaissance*, toutes les
innovations qui ont pour but son amélioration matérielle
et morale, en tant qu'on le laisse libre dans sa croyance
à l'égard des dogmes fondamentaux de la religion et
de la pratique des actes de dévotion.

Les Romains, en s'assimilant les populations vaincues,
qu'ils considéraient comme des êtres inférieurs, légiti-

maient ainsi leurs conquêtes aux yeux de Dieu et des hommes ; ils ne concevaient pas les conquêtes qui, *sous un prétexte de respect pour des nationalités réputées barbares, ou sous un prétexte dit tutélaire, laissent les peuples conquis,* **à la merci de quelques individualités,** suivre en paix le cours de leur décadence. Si nous ne sommes venus en Algérie que pour asservir les Arabes à leurs lois et coutumes, *ils n'avaient pas besoin de nous pour leur en faire l'application.* Les Arabes de tous les pays n'envieront le sort de leurs coreligionnaires d'Algérie, qu'autant que ceux-ci seront assimilés à la métropole, excepté en ce qui touche le divorce et les successions. En ce qui touche le mariage, j'ai démontré que la monogamie peut leur être *légalement* imposée. (Voir mon livre : *Initiation à la science du droit musulman.*)

§ 2.

Le lecteur, même non étranger au droit musulman, est obligé de reconnaître que le livre de M. Perron est souvent inintelligible ; que les doutes à lever, les obscurités à éclaircir et les lacunes à combler, y sont plus fréquents que de raison. D'un autre côté, M. Perron a fait un *vide immense* dans son ouvrage, en ne donnant que des extraits du commentaire de *kharchi* — et presque toujours des extraits qui se rapportent à des idées rétrogrades, tandis qu'il a omis la partie principale, révélant des idées libérales et aptes à nous assimiler les Arabes — au lieu d'en donner la traduction entière qui, seule, pouvait permettre de bien apprécier non seulement l'opinion de Khalil, mais encore le droit, la jurisprudence et l'ancienne civilisation arabes ; de sorte que,

par le retranchement qu'il a fait, M. Perron a décapité
Khalil, de la même manière qu'il reproche à Hamilton
d'avoir décapité le *hédaya*.

Entre les mains d'un *lettré* musulman, le précis de
Khalil et le commentaire de Kharchi, sont généralement
incompris. Pour un *jurisconsulte* musulman, le commentaire en entier est indispensable. Comment M. Perron
a-t-il pu penser qu'un Européen pourrait se passer de
tout le commentaire, lorsque ce commentaire est souvent obscur ou insuffisant pour un jurisconsulte musulman ? Si M. Perron avait démontré que cela n'était pas
possible, le Gouvernement se serait rendu à ses raisons,
**car son but n'était pas d'avoir la traduction
littérale et souvent incompréhensible d'un
livre de droit, mais de se faire une idée exacte
de l'étendue possible de son action sur les
populations Arabes.**

Commençons par l'aperçu préliminaire de M. Perron.
Cet aperçu nous ouvre-t-il une vue assez large sur l'ensemble du droit musulman ? — Y trouve-t-on nettement
établie la distinction que M. Perron a cherché à faire
ressortir entre ce qui constitue le *cheriâ* ou droit divin,
et ce qui constitue *eddine*, c'est-à-dire tant la religion ou
la croyance au droit divin que le culte qu'elle réclame ? —
Y voit-on que le culte comprend d'une manière intime
et inséparable, tant l'hommage que les hommes doivent
à Dieu que l'accomplissement de leurs devoirs sociaux ?
— Y voit-on ce que c'est que la loi et la jurisprudence,
afin que l'une et l'autre ne soient pas confondues ? —
Y voit-on figurer les sectes actuelles de l'islamisme,
notamment celle des *Abadites*, dont un grand nombre
de sectaires vit à côté de nous, en Algérie, sans qu'on
paraisse s'en être douté ? — Y voit-on enfin que l'inter-

prétation, avec ses controverses, a un *caractère légal*,
en tant qu'elle ne détruit pas les dogmes fondamentaux
de la religion ? **Non.** On y voit des généralités, mais
rien de précis. Et au lieu de poser cette question :
« *L'homme civil, surtout dans une société comme celle*
« *des Arabes, n'est-il pas la conséquence de l'homme*
« *religieux ?* » et de la résoudre ainsi : « *Dualisme lo-*
« *gique, qui est, en termes aristotéliciens, la représenta-*
« *tion d'un enthymème,* » le lecteur aurait certainement
préféré que M. Perron s'exprimât d'une manière moins
scientifique mais plus positive et plus claire.

Avant de pénétrer dans le dédale de la jurisprudence
musulmane et d'y faire pénétrer le lecteur, les savants
ne se sont pas doutés qu'ils avaient besoin d'un autre
fil d'Ariane qui ne se trouve que dans les manuscrits
très rares traitant des principes du droit. En étudiant
ces principes, ils auraient vu dans quels cas les préceptes
relatifs aux actes extérieurs de libre volonté peuvent ou
ne peuvent pas devenir l'objet d'une coercition physique, selon que l'accomplissement ou l'omission de
ces actes est ou n'est pas de nature à froisser le sens
moral du peuple musulman. Ces préceptes ne peuvent
être l'objet que de sept jugements caractérisés par des
distinctions importantes et bien marquées. Les savants
n'ont apprécié ces jugements *qu'au point de vue du langage ordinaire*, sans en déterminer la *portée juridique*,
et de plus, pour éviter des répétitions trop fréquentes,
*ils en ont varié la signification, de manière à dérouter
le lecteur.* D'un autre côté, prenant l'effet pour la cause,
c'est-à-dire la jurisprudence ou l'interprétation pour la
loi ou le droit, ils ont été amenés à nous représenter le
droit musulman sous divers aspects nouveaux, qui devaient achever de porter le trouble dans l'étude, en di-

sant, par exemple, que telle chose est *d'obligation cano-nique*, ce qui suppose *un droit canonique ;* que telle chose est *d'obligation imitative*, ce qui suppose *un droit imitatif ;* **tandis** qu'il n'y a qu'un droit unique ou divin ; **qu'en** dehors de la loi il n'y a que la jurispru-dence, c'est-à-dire l'ensemble des solutions concor-dantes ou discordantes à donner par les tribunaux aux questions de droit que soulèvent les affaires qui leur sont soumises ; **et que**, quelle que soit l'autorité qui s'attache à ces solutions, alors même qu'elles seraient constantes sur tel ou tel point du droit, elles ne forment jamais une règle obligatoire pour les tribunaux, **parce** qu'il est du devoir du juge, devoir résultant **du droit de libre examen et de la perfectibilité re-connue de la loi,** de ne pas se laisser arrêter par des précédents dont la doctrine ou l'expérience lui au-rait démontré l'erreur ou les inconvénients.

Développons ce qui précède : les musulmans ne re-connaissent qu'un droit *cheri'â*, émanant du *Char'â* ou grand conducteur : Dieu. Lui seul a pu légiférer. Maho-met, ses compagnons ou les premiers Pères de l'Eglise, puis les jurisconsultes venus après eux, n'ont été que des interprètes du droit divin. Or, *la tradition*, consi-dérée comme *interprétation*, n'est obligatoire qu'en ce qui concerne la partie *reconnue comme authentique* des paroles, faits et gestes du Prophète ; et les *décisions* des compagnons du Prophète ou des premiers Pères de l'Église, considérées comme *interprétation*, ne sont obligatoires qu'en co qui concerne celles qui ont été rendues à *l'unanimité ;* mais à part cette exception, *toute interprétation émanant d'un jurisconsulte quelconque, à quelque époque qu'il apparaisse,* **est légale ;** ce qui veut dire que les cadis *qui se croient capables*, et non

pas les *moquellidine* (1) ou ceux qui suivent aveuglément la doctrine d'un auteur, peuvent juger d'après
leur opinion personnelle, lorsque la loi est silencieuse,
obscure ou insuffisante ; et à l'égard de leur *capacité*,
ils n'ont d'autres juges que leur conscience et Dieu.
Par conséquent, toutes les fois qu'il y a lieu à interprétation, le droit divin n'est pas immuable : *il est variable*.

En jurisprudence, c'est-à-dire pour l'application du
droit aux faits, il n'y a que sept manières de rendre
des *ahkam* (jugements) sur tous les actes extérieurs de
libre volonté. C'est au magistrat ou au jurisconsulte
d'adopter celui de ces jugements qui se rapporte à son
opinion sur la contestation qui lui est soumise ou sur la
question qu'il traite (2). On voit donc qu'il est indispensable, pour lire utilement un ouvrage de jurisprudence,
de connaître la portée et la valeur juridiques de chacun
de ces jugements.

Ainsi, **l'acte** soumis à l'appréciation du magistrat ou
du jurisconsulte, peut-être considéré par lui comme :

1° *Fardh* ou *ouadjib*, **obligatoire,** dont la commission attire une récompense de la part de Dieu, et dont
l'omission entraîne une peine tant de la part de Dieu
que la part des tribunaux ;

2° Ou *mendoub* ou *mousthabb*, **méritoire, louable,**
mais facultatif, dont la commission attire une récom-

---

(1) En Algérie il n'y a plus, en fait de cadis, que des *moquellidine.*

(2) Le souverain musulman a le droit de prononcer, par voie de disposition
générale ou réglementaire, sur toutes les mesures qu'il convient de prendre dans
l'intérêt de ses divers sujets, pour l'amélioration de leurs besoins matériels ou
moraux. (Voir Ibn-Salmoune, chap. *de la souveraineté et de la judicature.*)

Le souverain chrétien a le même droit sur ses sujets musulmans, d'après cet
axiôme vulgaire qui s'applique aux souverains, quelle que soit leur religion :
Enuas âla dine mouloukihim : les sujets sont placés sous le coup des us et coutumes de leurs rois (en tant, bien entendu, que la croyance et le culte sont respectés).

pense de la part de Dieu, et dont l'omission n'entraîne aucune peine de la part de Dieu ni des tribunaux;

8° Ou *moubah*, ou *djaïz*, ou *h'alal*, **permis, facultatif, licite,** dont la commission n'attire aucune récompense de la part de Dieu, et dont l'omission n'entraîne aucune peine de la part de Dieu ni des tribunaux;

4° Ou *mahdhour*, ou *haram*, ou *memnou'â*, **défendu, prohibé, empêché,** dont l'omission attire une récompense de la part de Dieu, et dont la commission entraîne une punition de la part de Dieu et des tribunaux;

5° Ou *mekrouh*, **toléré mais vu défavorablement,** dont l'omission attire une récompense de la part de Dieu, et dont la commission n'entraîne ni récompense, ni peine de la part de Dieu ou des tribunaux;

6° *Sahih*, **valable** : s'entend des contrats à titre onéreux ou à titre gratuit, et des actes de dévotion qui remplissent les conditions obligatoires et ne contiennent rien de défendu;

7° Ou *bathil* ou *fasikh*, **nul :** s'entend également des contrats et des actes de dévotion qui ne remplissent pas les conditions voulues, ou qui ont pour objet une chose prohibée par la loi.

Faute de connaître exactement la valeur juridique de ces jugements, les traducteurs ont pris pour du *droit canonique*, pour du *droit de convenance*, etc., ce qui n'est qu'une *manière de décider* ou d'appliquer la loi aux faits; et cette erreur les a entraînés dans une confusion telle que ce qui n'est que *mendoub*, par exemple, a été représenté par eux, tantôt comme *louable*, tantôt comme *obligatoire*, et que ce qui n'est que *mekrouk* a été représenté par eux comme *étant défendu* : de sorte qu'ils ont mis le lecteur dans l'impossibilité de discerner ce qui est de **droit rigoureux** de ce qui n'est que de **droit facultatif.**

Les incertitudes, les obscurités nées de cette confusion expliquent pourquoi des souverains chrétiens, animés d'un sage esprit de tolérance à l'égard de leurs sujets mulsulmans, et perdus dans ce dédale de fausses idées, laissent une race déchue sous des lois dont elle ne peut plus retrouver l'esprit, tandis que pour relever cette race ils ont le droit d'interprétation qui leur permet de lui appliquer tout ce qui n'est pas ouvertement contraire aux *textes formels* du Koran, de la tradition et des décisions des compagnons du Prophète (1). Et chose remar-

---

(1)   **En ce qui concerne la tradition.**

Les malékites ou les sectateurs de Malek — comme le sont tous les Arabes de l'Algérie, — *n'admettent en droit* (ce que M. Perron paraît avoir ignoré), que les traditions, en nombre restreint, citées par Malek dans son livre : *el'Mouvouetta*. Dès lors, traduire le recueil volumineux des traditions (hadits) par *Boukhari*, comme le conseille M. Perron, dans sa traduction de la *Balance de la loi musulmane* par le Cheikh *el-Charani*, ne serait d'aucune utilité pour les Arabes, puisque leurs jurisconsultes, en matière de droit, repoussent toutes les traditions non rapportées par Malek. Ce travail, en présence de la rémunération que sollicite M. Perron pour son auteur, peut convenir à quelques individualités qui, selon nous, traduiraient des mots plutôt que des idées ; mais il aurait certainement pour résultat d'achever de porter le trouble dans la question de droit musulman, déjà rendue si embrouillée par les orientalistes français. *Assez de traductions comme cela !* **M. Perron en avait une belle à faire du livre de Khalil !**

En ce qui concerne les décisions des compagnons du Prophète.

Il en ressort que tout ce qui est indépendant de la croyance aux dogmes fondamentaux de la religion *(osoul eddine)* et de la pratique des actes de dévotion dits *'aïbadat,* peut se modifier en présence des nouveaux besoins que la civilisation a engendrés, et surtout en présence d'une situation nouvelle, imprévue par le législateur, sur laquelle, par conséquent, il n'a pu *édicter sa loi.* (Voir le livre d'*abou-l-Maâli*). Or, la conquête de l'Algérie par la France et l'acceptation par

quable, c'est que certains *Souverains musulmans* qui sont dans la voie du progrès, appliquent à leurs sujets-coreligionnaires, en vertu du même droit d'interprétation, *des institutions empruntées aux peuples chrétiens !*

Examinons maintenant si M. Perron a été parfaitement édifié sur la valeur des sept jugements dont nous venons de parler :

1° On lit, vol. 1, p. 28 : « Il est de *devoir religieux* « de jeter l'eau d'un vase ou un chien aura lappé, de

les Arabes de notre contact avec eux, constituent une situation nouvelle, imprévue dans le Koran.

En ce qui concerne la Balance de la loi musulmane.

Je doute qu'elle soit acceptée avec faveur par les Arabes de l'Algérie. En effet, le cheikh el-Charani, auteur de cette balance, était Chaféïte ou adepte d'une secte pour laquelle les Malékites ont peu de vénération. D'un autre côté, en lisant cette balance, on voit que son auteur était un illuminé, qui se nourrissait de terre, qui se faisait supporter dans le Nil par des crocodiles, en un mot un fou que le vulgaire arabe devait vénérer, mais que les jurisconsultes devaient plaindre en secret. *La France ne peut accepter cette balance.*

A propos de traductions.

Le Gouvernement français a adressé, il y a quelques mois, un questionnaire à tous les jurisconsultes arabes de l'Algérie. Si son but, à vue des réponses, est de créer une règle uniforme de jurisprudence, il ne fera que raviver le fanatisme musulman, en mécontentant les jurisconsultes, parce que la plupart de ceux qui sont avancés verront d'un mauvais œil qu'on veuille leur imposer des opinions qu'ils sont en droit de repousser, d'après la doctrine du libre examen, qui constitue l'indépendance du magistrat. Et puis, il arrivera de la traduction des réponses (car *il faudra bien que nos administrateurs et nos magistrats la possèdent*) ce qui est arrivé pour la traduction du livre de Khalil, que personne n'y comprendra rien.

Si nous voulons, — et cela n'est pas douteux, — relever les Arabes de l'Algérie, appliquons-leur notre Code civil, ce code immortel qui s'allie avec toutes les croyances. Ils l'accepteront d'autant mieux qu'ils savent qu'ils doivent se conformer à la loi civile du vainqueur, comme ils se sont conformés à sa loi en matière criminelle.

Alors, ce sera pour eux un progrès, et non pas une *rénovation* comme celle qu'entend opérer M. Perron, avec le livre des *hadits*, livre tombé en désuétude, et dont l'application, aujourd'hui, *serait un véritable anachronisme.*

« laver sept fois ce vase et d'en jeter l'eau sept fois aussi,
« et cela comme acte de religion et de piété. »

Qui dit *devoir religieux* dit chose obligatoire. Or, comment le lecteur peut-il savoir si ce devoir est d'obligation juridique, ou s'il échappe à l'action des tribunaux ? Khalil a dit que ce précepte n'est que *mendoub*, en se servant du verbe *noudiba* pour le caractériser, c'est-à-dire que, d'après lui, il n'est pas obligatoire de laver sept fois ce vase, qu'une seule fois suffit comme indispensable, et que les six autres lavages constituent un acte *méritoire* (mendoub) dont l'omission échappe à l'action des tribunaux.

2° On lit, vol. 1, p. 43 : « Il est *indispensable*, pour
« enlever toutes les impuretés restantes après les déféca-
« tions, de préparer et d'avoir en même temps de l'eau
« ou des pierres ou tout autre corps solide non défendu,
« mais surtout de l'eau, et les pierres ne suffisent qu'à
« défaut d'eau. »

Voilà encore le verbe *noudiba* traduit dans le sens d'un précepte formel, tandis que son véritable sens est qu'il est *louable* d'observer toutes les pratiques indiquées par Khalil, qu'il est facultatif de suivre l'une ou l'autre, mais qu'il est obligatoire d'en observer une, celle de l'usage de l'eau, et à défaut d'eau, celle de l'usage d'un corps solide.

3° Dans toute sa traduction, M. Perron rend le verbe *fouridha*, dont dérive le mot *fardh*, par : « *il est de précepte divin, de condition imprescriptible*, » et le verbe *ouadjiba*, dont dérive l'adjectif *ouadjib*, par : « *il est d'obligation canonique.* »

Or, ce qui est *ouadjib* ou d'interprétation par voie de doctrine, a aussi bien le caractère de *précepte divin*, de *condition imprescriptible*, que ce qui est *fardh*. Il y a cette différence entre *fardh* et *ouadjib* que *fardh* indique le précepte affirmatif, clair et précis du Koran, connu du vulgaire, à l'égard duquel nul n'est admis à invoquer son ignorance, pour s'excuser de son inobservation et s'affranchir des conséquences qu'elle entraîne ; tandis que le mot *ouadjib* indique — *ce qui est obligatoire* ensuite d'une interprétation nécessitée par le silence, l'insuffisance ou l'obscurité de la loi, et qui ne peut être apprécié que par les jurisconsultes, — *ce qui est aussi obligatoire et aussi imprescriptible que si Dieu l'avait prescrit clairement*, mais ce à l'égard de quoi le vulgaire est admis, dans certains cas, à invoquer son ignorance et sa bonne foi, pour s'affranchir non pas de son inobservation, mais des sanctions pénales qu'elle a entraînées. C'est ce qui résulte formellement de la définition du mot *ouadjib*, donnée par *el-Mehalli* commentateur d'*abou-l-Ma'âli*.

Par conséquent, M. Perron aurait dû traduire le verbe *fouridha* par : *il est d'obligation résultant de textes formels du Koran*, et le verbe *ouadjiba* par : *il est d'obligation résultant d'interprétation de la loi*.

D'un autre côté, la traduction de M. Perron suppose un *droit canonique* en outre du *droit divin*. Entendons-nous : nous avons vu qu'il n'y a qu'un législateur : Dieu, et que Mahomet, ses compagnons et tous les jurisconsultes, ne sont que des *interprètes* de la loi. Au contraire, dans le droit canonique-catholique, qui comprend l'opinion des pères de l'Eglise et les décisions émanées des papes et des conciles, on voit que les pontifes et les conciles n'interprètent pas seulement la loi divine, mais qu'encore ils *légifèrent*, tandis que Mahomet, ses successeurs et ses compagnons n'ont jamais eu le droit de *légiférer*.

CHAPITRE III

DES SAVANTS, DES COMPILATEURS ET DES PHILANTROPES. -- CONSÉQUENCES DE LEURS ERREURS.

———

SECTION 1ʳᵉ

Des Savants.

J'entends par *savants*, les traducteurs forts en Arabe, mais étrangers au droit musulman et au droit français, qui ont rendu avec emphase des mots plutôt que des idées, et se sont efforcés de faire ressortir les extravagances fanatiques et superstitieuses du peuple musulman, pour donner un cachet d'originalité à leurs livres, au lieu de nous exposer ce qui est beau, admirable et frappé au coin de la civilisation, dans une législation que l'on a conspuée sans la connaître et montrée *(ce qui n'est pas)* comme rebelle à nos institutions. Aux premiers jours de l'Islamisme, l'effervescence religieuse a pu faire sortir les prosélytes de la bonne voie, mais les jurisconsultes sont arrivés pour les y faire rentrer : la domination arabe en Espagne nous en fournit la preuve. **Ces savants ne sont point à la hauteur de leur mission.**

Le vrai savant, pour traduire de l'arabe en français, un ouvrage de droit musulman, avec toutes les garanties désirables, est celui qui, possédant à fond la langue arabe et surtout la langue des manuscrits, connaît parfaitement *le droit musulman et le droit français.*

En conséquence, je ne reconnais pas comme vrais savants, pour la spécialité qui nous occupe :

1° Ceux qui s'adjoignent un auxiliaire pour suppléer à la connaissance qui leur manque, car cette adjonction ne saurait donner à leurs œuvres un cachet de fidélité ;

2° Ceux qui s'épuisent en longues dissertations grammaticales, afin de prouver qu'ils ont eu raison de se tromper ;

3° Ceux dont la spécialité est d'exceller dans la traduction de ces contes lamentables, à faire mourir de pitié, où l'on voit un homme tué, vidé, puis farci de coton ;

4° Ceux qui, dans la traduction d'actes judiciaires, rendent ces mots : *thelak' baïne*, par *divorce patent*, tandis qu'ils signifient : *répudiation définitive qui ne permet plus aux époux de se réunir que par un nouveau contrat* ; — ni ceux qui traduisent le passage dont le sens est : *si le mari contraint sa femme à quitter le domicile paternel, elle deviendra maîtresse de sa personne, au moyen d'une répudiation*, par cette expression : si le mari vient à **dédaigner sa femme,** elle se trouve alors maîtresse d'elle-même, et peut, si elle veut, se dégager du lien conjugal.

SECTION 2

Des Compilateurs

J'entends par *compilateurs*, ceux — qui ne connaissent pas ou ne connaissent que très-imparfaitement la langue des manuscrits ; — qui, après un long séjour en Algérie, séjour qu'ils invoquent pour se donner de l'autorité, connaissent tout au plus l'arabe vulgaire ; — qui recueillent des matériaux dans toutes les traductions, en *quantité* plutôt qu'en *qualité*, et qui, dans ces conditions, écrivent sur *le droit musulman*, en débitant leurs pensées avec **la gravité de mulets chargés des bagages d'autrui.**

Tout ce qui émane de ces compilateurs, ne présente aucune garantie de fidélité ni de savoir.

SECTION 3

Des Philantropes

J'entends par *philantropes*, les partisans du *royaume arabe-civil*, au lieu du *royaume arabe-militaire*, qui repoussent *l'assimilation*, pour demander que le gouvernement des Arabes **soit confié à leurs soins paternels.**

J'ai connu un philantrope admiré dans les *salons ;* dans ses discours régnait l'humanité pour les Arabes, à l'exclusion des colons ; il rencontre dans la rue une femme arabe, chassée de sa tribu *militaire* par la faim, et implorant l'assistance des *civils* pour elle et son enfant. Eh bien ! il la repousse d'un coup de canne, en lui disant ce mot, le seul qu'il connaissait du vocabulaire arabe : *emchi* : va-t-en.

Morale : il ne faut pas trop s'en rapporter aux beaux discours de ces philantropes.

———

SECTION 4

Conséquences de leurs erreurs

Les **savants,** en représentant le droit musulman sous un faux jour, ont préparé, à leur insu, la voie du royaume arabe, et retardé l'assimilation des indigènes, c'est-à-dire leur bien-être, et retardé la prospérité des colons ;

Les **compilateurs** ont fait pratiquer cette voie ;

Les **philantropes** veulent y rester.

Si les réclamations des philantropes étaient admises, le régime civil que l'on veut inaugurer en Algérie constituerait un royaume arabe-civil au lieu d'un royaume arabe-militaire.

« **Alors je ne vois pas en quoi consiste la ré-**
« **forme. S'agit-il simplement de substituer**
« **des hommes tout de noir habillés, à des**
« **hommes en tuniques et en pantalons rouges?**
« **Que m'importe, si les masses sont encore**
« **opprimées par une aristocratie de parvenus,**
« **si la justice est encore rendue par des moyens**
« **extra-légaux, si les impôts arbitrairement**
« **assis sont arbitrairement perçus ; »** (Extrait de la lettre de M. Clément Duvernois au Prince Napoléon, publiée à Alger au mois de juillet 1858.)

Dans cette alternative, il vaudrait mieux nous laisser
le régime militaire que de donner à l'armée un brevet
d'incapacité d'administration, car *l'autre régime* serait
pour nous *kif-kif* (1), et aurait en outre l'inconvénient
d'être plus formaliste et moins expéditif.

Au contraire, veut-on rendre contents les fonctionnaires civils et militaires, et par suite, les administrés ?
que chacun soit restitué à son rôle, comme en France :
*les civils administreront, les militaires guerroieront quand
cela sera jugé utile ou nécessaire, et les Colons et les
Arabes prospéreront.* (2)

« Les Préfets, en cas de révolte, requerraient l'inter-
« vention de la force armée. Je m'empresse d'ajouter
« que cette supposition est absurde : **si jamais une
« insurrection éclate, c'est qu'on l'aura voulu,
« c'est qu'on l'aura préparée de longue main.** »
(Extrait de la lettre de M. Clément Duvernois.)

Ce qu'il faut aujourd'hui, si l'on veut en finir une fois
pour toutes et faire de l'Algérie une annexe de la France,
c'est l'adoption des trois mesures indiquées dans la lettre
de M. Clément Duvernois :

**Assimilation du peuple vaincu au peuple
conquérant ;**

Constitution de la propriété ;

Emancipation de l'individu.

___

(1) Expression arabe-vulgaire qui signifie : *tout comme, à l'égal de.* Elle est
en cours parmi les Européens.

(2) Les Arabes administrés *militairement* sont encore ce qu'ils étaient lors de la
conquête, tandis que les Arabes administrés *civilement* sont plus avancés que les
premiers sous le rapport de la culture, de l'industrie et de la civilisation.

CHAPITRE IV

CONTINUATION DES PARTICULARITÉS

SECTION 1re

De l'affranchi comme héritier

Au vol. 6, p. 356. § 2 : *Des divers héritiers universels,*
on lit :

« 12° Ensuite [lorsque les à'cib qui sont parents réels
« manquent, le droit d'héritier universel appartient] *à*
« *l'affranchi* [complet, mâle ou femelle ; il prend alors,
« ou la totalité des biens, s'il n'y a aucun héritier, pa-
« rent réel du défunt, ou ce qui reste après le prélève-
« ment de toutes les légitimes, s'il n'y a pas d'autre
« à'cib que lui, c'est-à-dire que cet affranchi]. Cette dis-
« position a déjà été énoncée [précédemment (au chapi-
« tre LIII, *Du patronage*). Si l'affranchi manque, ses
« droits sont transmis à ses à'cib ; si ces derniers man-
« quent, leurs droits appartiennent à l'affranchi de
« l'affranchi ; et si cet affranchi de l'affranchi manque,
« les droits reviennent aux à'cib de l'affranchi de
« l'affranchi, et ainsi de suite, indéfiniment]. »

Il résulte de cette traduction que **l'affranchi hérite;** le reste me paraît un vrai galimatias.

Or, en droit malékite, le **patron** hérite de *son affranchi*, mais **l'affranchi** n'hérite jamais de *son patron*.

Et que M. Perron ne vienne pas objecter qu'il est exact au point de vue de la *littéralité*, car Khalil dit partout, au sujet du droit de succession qu'il examine ici :
« ce droit appartient à celui qui a affranchi son esclave,
« [c'est à dire *au patron*] ; puis [si ce patron est lui-
« même un affranchi] au patron du patron [et ainsi de
« suite, de patron en patron, jusqu'à ce que l'on remonte
« au patron primitif d'origine libre, qui n'a jamais été
« atteint par l'esclavage]. »

Si par *l'affranchi* auquel il attribue un droit d'hérédité, M. Perron a voulu indiquer *un affranchi qui lui-même a affranchi*, sa traduction est toujours erronée, car cet *affranchi* qu'il pose comme héritier, n'est ni plus ni moins que *l'affranchissant* ou le *patron direct* **de l'esclave affranchi dont la succession est à partager.**

D'un autre côté, comment, à vue de la traduction de M. Perron, se faire une idée de la théorie des successibles exposée par Khalil ? L'auteur suppose, ce qui aurait dû être expliqué par M. Perron, — que le défunt dont la succession est à partager, peut être considéré comme un homme libre d'origine, ou comme un affranchi. Puis, arrivant au n° 12, Khalil dit, non pas explicitement, mais implicitement :

« S'agit-il de la succession d'un *affranchi* qui *n'a*
« *laissé aucun parent comme héritier ?* Elle est dévolue à
« son *patron*, puis, aux à'cib du patron. *Ce patron* est-
« il lui-même un *affranchi*, et vient-il à manquer ou à
« n'avoir plus d'à'cib ? sa succession est dévolue à *son*

« *patron* [et ainsi de suite, *de patron direct* en *patron*
« *direct,* jusqu'à ce que l'on remonte au patron primi-
« tif d'origine libre qui n'a jamais été atteint par l'escla-
« vage.] »

SECTION 2

Des différentes espèces de tutelle. — Leurs attributions

Je renvoie le lecteur à la traduction de M. Perron,
vol. 4, p. 69 et suivantes, relative à l'administration des
biens du mineur, et le prie de la comparer avec *l'exposé*
que je vais donner de la doctrine et de la jurisprudence
sur la matière, d'après Khalil et son commentateur
Kharchi. Il jugera par lui-même si le travail de M.
Perron a atteint le but désiré.

Et comme à l'égard de l'administration des biens du
mineur, il faut distinguer entre les *biens meubles* et les
biens immeubles, je vais, pour l'intelligence du sujet qui
nous occupe, entrer préalablement dans des détails sur
la distinction des biens, détails que l'on ne trouve pas
dans la traduction de M. Perron.

I

Distinction des biens

§ 1

Acception juridique des mots qui les indiquent

Tous les biens sont meubles ou immeubles.

Le mot *mâl,* pluriel *amvoudl,* employé *seul,* au singulier ou au pluriel, dans les dispositions de la loi ou de

l'homme, indique d'une manière générale *tant les meubles que les immeubles*.

Exemples :

1° Dans le verset 2, chapitre 4 du Koran, on lit : « Restituez aux orphelins devenus majeurs, *leurs biens* « (*amvoualahoum*). » Il est évident que le mot *amvoual* comprend ici tous les biens généralement quelconques : Mahomet n'a pu dire aux tuteurs de restituer *les uns* et de garder *les autres*.

2° Dans les actes judiciaires, on voit cette expression : *deïne fil-mâl* (dette à la charge du bien). Il est encore évident ici que la dette est non-seulement à la charge des meubles du débiteur, mais encore à la charge de ses immeubles.

Les *immeubles* sont spécialement et ordinairement indiqués par l'une de ces expressions : *as'oul, âk'ar, ribaâ, ardh, melk*.

Khalil emploie indifféremment les mots as'oul, âk'ar, ribaâ, melk, pour indiquer les immeubles quelconques.

Mais d'après *Ibn-Salamoune*, voici l'acception des mots se rapportant aux immeubles :

As'oul comprend 1° les *ribaâ* : maisons, boutiques, fours, établissement de bains, et toutes les constructions quelconques ; 2° les *âk'ar* : jardins, vergers, champs de vignes, de figuiers et de dattiers, et tous les terrains arrosables.

Ardh s'entend d'une terre ou d'un terrain quelconque, cultivable ou non.

Melk, pluriel *ambâk* s'applique indistinctement à tout ce qui est immeuble.

En outre, pour me servir des expressions de Khalil, chapitre de *l'interdiction du malade*, on appelle *im-*

meubles tout ce qui est *mâl mamoûne,* c'est-à-dire *bien sûr, stable, invariable,* non susceptible de déplacement, par opposition aux *meubles* ou au *mâl r'éïr mamoûne,* bien qui n'est ni sûr, ni stable, ni invariable, et qui est susceptible de déplacement.

Lorsque le mot *mâl* est en opposition avec un autre mot se rapportant *spécialement* aux immeubles, il indique d'une manière générale *les meubles seulement.*

Exemple :

El-mâl lifoulane oua el-melk lifoulane : le *mâl* est pour un tel, et le *melk* pour un tel. Le mot *mâl* ne comprend ici que les meubles.

Lorsque le sens du mot *mâl* est restreint par un complément, il ne s'applique qu'aux biens indiqués par ce complément.

Exemples :

Mâl mine silâ : biens en fait de marchandises ; — *mâl mine ribaâ* : biens en fait de maisons ou de constructions établies sur le sol.

Lorsqu'un mot spécifie un bien meuble ou immeuble, on ne peut lui donner plus d'extension qu'il n'en comporte.

Exemples :

Silâ : marchandises ; *h'ali* : bijoux ou matières d'or ou d'argent ; *rak'ik'* : esclave ; *ribaâ* : maisons, constructions.

§ 2

Des immeubles

Sont immeubles, ou par leur nature, ou par leur destination, ou par l'objet auquel ils s'appliquent :

1° Les fonds de terre et les bâtiments ;

2° Les moulins à vent ou à eau, fixés sur piliers, qu'ils fassent ou non partie d'un bâtiment ;

3° Les récoltes pendantes par racines, et les fruits non encore détachés du sol, mais en tant que ces récoltes et ces fruits ne sont par encore arrivés à l'état de *maturation* ; autrement, ils sont *meubles*, qu'ils soient ou non coupés ou détachés ;

4° Les tuyaux servant à la conduite des eaux dans une maison ou un autre héritage ;

5° Les objets que le propriétaire d'un fonds y a placés pour le service et l'exploitation de ce fonds.

Ainsi, sont immeubles par destination :

Les pigeons des colombiers ;

Les ruches à miel, quand elles sont placées dans un renfoncement *ad hoc* pratiqué dans le mur du bâtiment, ou dans une construction *ad hoc* en maçonnerie, sinon, elles sont *meubles* ;

Les lapins de garenne ;

Les poissons des étangs.

Mais les animaux attachés à la culture, les ustensiles aratoires, les semences données aux fermiers ou colons partiaires, les pressoirs, les engrais non encore répandus, sont *meubles* ;

6° Les servitudes ou services fonciers.

Sont aussi *immeubles* par destination, tous effets mobiliers que le propriétaire a attachés au fonds à perpétuelle demeure. En effet, dit *Ibn-Salamoune*, au commencement du chapitre de la vente : *Innama youh'kamou lilmouchetari bikoulli chéïne tsabit kelbeniane (on n'accorde [en cas de difficultés] à l'acquéreur d'un fonds que tout ce qui y est fixé, comme la construction)*. Ce qui signifie bien que tout ce qui n'est pas attaché au fonds à perpétuelle demeure, ne fait pas partie de la vente. Par conséquent, les *gourbis* et les *tentes* étant susceptibles de déplacement, *sont meubles.*

§ 3.

Des meubles.

Règle générale : tout ce qui n'est pas qualifié *immeuble*, comme ci-dessus, ou tout ce qui n'est pas attaché au fond à perpétuelle demeure, est *meuble.*

Ainsi, sont meubles :

1° Les esclaves, les animaux;

2° Tout ce qui — récolté, recueilli ou fabriqué — sert à la nourriture des hommes et des animaux;

3° Les matières d'or ou d'argent, et tout ce qui est monnayé;

4° Les nippes, étoffes, marchandises et objets mobiliers quelconques;

5° Les récoltes et les fruits de toute nature, quand ils sont à l'état de *maturation*, et à plus forte raison à l'état de *maturité*, qu'ils soient ou non coupés ou détachés;

6° Les obligations et actions qui ont pour objet des sommes exigibles ou non, ou des effets mobiliers;

7° Le prix d'un immeuble;

8° Les bateaux, bacs, navires, moulins et bains sur bateaux, et généralement toutes usines *non fixées par des piliers;*

9° Les matériaux provenant de la démolition d'un édifice, ceux assemblés pour en construire un nouveau, tant qu'ils n'ont pas été employés dans une construction.

En résumé, sont meubles par leur nature, les corps qui peuvent se transporter d'un lieu à un autre, *soit* qu'ils se meuvent par eux-mêmes, comme les esclaves, les animaux, *soit* qu'ils ne puissent changer de place que par l'effet d'une force étrangère, comme les choses inanimées, mais en tant que ces choses inanimées n'ont pas été détachées ou arrachées d'un fonds où elles étaient placées à *perpétuelle demeure*.

II

Des divers tuteurs des biens du mineur. Leurs droits sur ses biens

Par *mineur*, il faut entendre l'individu de l'un et de l'autre sexe. — Voir chap. 1, sect. 3, 4, 5, 6, 12, 16, et la note de la section 10 sur l'acception du mot *mokellef*.

Les tuteurs des biens du mineur sont :

1° Le père ;

2° A défaut du père, mais seulement pour cause d'interdiction, de présomption de mort ou de mort (et non pour *cause d'absence*, comme le dit M. Perron, vol. 4, p. 69), la personne, homme ou femme, parente ou non du mineur, déléguée par le père (1), ou un délégué de délégué, si le père n'a pas interdit la subdélégation ;

3° A défaut de l'un et de l'autre, pour les mêmes causes, le cadi ou son délégué. Mais le délégué du cadi

(1) La femme nommée tutrice testamentaire ne peut exercer les fonctions d'*ouali ennikah'* ou de tuteur du contrat de mariage de la fille dont elle est la tutrice des biens, que par l'intermédiaire d'une personne du sexe masculin, à laquelle elle donne pouvoir à cet effet. Tandis que le tuteur nommé par le père pour l'administration des biens, remplace également ce père, comme tuteur du contrat de mariage de la fille mineure, et même pour le droit de contrainte au mariage dans les cas prévus pour la doctrine. — En un mot, les femmes ne peuvent être tutrices du contrat de mariage d'une femme ou d'une fille.

n'a pas le droit de subdélégation ; il n'a que le droit de
donner procuration d'agir en son nom.

**Le tuteur ou la tutrice du gouvernement
de la personne de l'impubère** a le droit, pour
des besoins urgents du mineur et lorsque le tuteur ne
veut pas y pourvoir, de disposer d'abord des revenus
des biens du mineur, puis des biens mêmes, meubles
ou immeubles, lorsque ces biens sont d'une faible valeur : dix dinars d'après les uns, vingt ou trente d'après
les autres (1). Et s'il s'agit d'un immeuble, il ne peut le
vendre qu'aux enchères publiques.

En substance, la tutelle des biens est une charge
personnelle qui ne passe point aux héritiers du mineur.
Ceux-ci sont responsables de la gestion de leur auteur,
mais ils ne peuvent la continuer jusqu'à la nomination
d'un autre tuteur. Par suite, le tuteur ne peut s'en démettre pour la conférer à un autre ; la faculté de s'en
démettre pour la conférer à un autre n'est accordée
qu'au cadi, tuteur légal de tous ceux qui n'ont pas de
tuteurs. Quant à la faculté, non pas de s'en démettre,
mais de la déléguer pour l'époque où il n'existera plus,
elle n'est accordée qu'au père, ou au tuteur testamentaire désigné par lui, ou au délégué de ce tuteur. Cependant le tuteur, quel qu'il soit, peut donner pouvoir d'agir
en son nom : cela ne constitue pas une démission de la
tutelle, mais un mandat qui est exercé au nom du tuteur
et sous sa responsabilité. — D'après certains auteurs, la
tutelle est considérée comme *fardh aïne,* une obligation
d'œil ou une obligation sur laquelle on doit avoir l'œil
ouvert, obligation personnelle et de rigueur à laquelle
ne peut se soustraire celui à qui elle est imposée, s'il est

---

(1) Le dinar est une pièce d'or d'environ 6 fr. 30 c.

dans les conditions légales pour la remplir. — D'après d'autres auteurs, la tutelle est considérée comme *fardh kifaya*, une obligation par remplacement ou une obligation qui est suffisamment remplie par un autre que celui qui la doit, et dont ce dernier peut s'affranchir tant qu'il ne l'a pas acceptée.

La tutelle est soumise au contrôle du magistrat, à celui des proches parents du mineur, ou à celui d'un individu spécialement adjoint au tuteur testamentaire. Mais le droit musulman n'admet pas de *subrogé-tuteur*. Il n'admet que des co-tuteurs dans le cas de tutelle testamentaire : si un rang leur est assigné, le premier procède à l'exclusion du second ; le second, après la mort du premier, procède à l'exclusion du troisième, et ainsi de suite ; sinon, c'est-à-dire si une préférence n'a pas été accordée, la tutelle leur est commune, et l'un d'eux ne peut rien faire sans le concours des autres. — Il y a cette différence entre le contrôleur ou le surveillant de la tutelle en droit musulman, et le subrogé-tuteur en droit français, que ce dernier a non-seulement le droit de veiller aux intérêts du mineur, mais encore d'agir pour ses intérêts lorsqu'ils sont en opposition avec ceux du tuteur ; tandis que le premier n'a jamais qualité pour agir au nom du mineur.

M. Perron dit que la tutelle revient au tuteur désigné par le père, dans le cas où le père est « **absent pour un long temps.** »

Examinons les textes :

D'après Khalil, « la tutelle est ensuite dévolue « au délégué du père (*si le père n'existe plus, dit* « *Kharchi : ine lem youdjed el-ab*), [puis à un subdé-« légué], quel que soit son rang d'éloignement du délé-« gué : *oua ine badouda.* »

D'après Abdelbaki, commentateur de Khalil ,
« *Kaoul el moussennif tsoumma ouasiyouhou aï oua-*
« *siyou-l-ab aou ouasiyou ouasiyihi aou ouasiyou oua-*
« *siyou ouasiyou ouasiyihi oua ïne baôouda fa-el-mou-*
« *rad bil-bâd houna houa ouasiyou ouasiyi-l-ab oua ïne*
« *teselsela aï baôouda.*

Ce qui veut dire :

« Ces mots de Khalil : *tsoumma ouasiyouhou* indi-
« quent le délégué du père [auquel la tutelle revient
« après la mort de celui-ci]. Mais ils indiquent en
« outre, — le subdélégué du délégué, — ou le subdé-
« légué, le subdélégué, le subdélégué du délégué du
« père (c'est-à-dire *le subdélégué du subdélégué du sub-*
« *délégué du délégué du père)*, quel que soit son rang
« d'éloignement [du délégué, *et en supposant que tous*
« *ceux qui le précèdent sont morts, parce qu'il est de*
« *règle, sans exception, que les dispositions testamen-*
« *taires n'ont d'effet qu'après la mort du testateur, que*
« *ce testateur soit le père, ou son délégué, ou un subdé-*
« *légué,* — **à moins** que ce testateur, **après** sa dis-
« position, ne soit placé sous une des causes d'interdic-
« tion, auquel cas il est assimilé au défunt, et sa dispo-
« sition devient exécutoire de son vivant ; mais si,
« quoique non interdit judiciairement, il écrit, au *mo-*
« *ment* de sa disposition, placé sous une des causes d'in-
« terdiction, sa disposition serait sans valeur, et la tu-
« telle reviendrait au cadi, qui seul aurait le droit de
« conférer une tutelle à qui bon lui semblerait ; — **et à**
« **moins** que, par suite de l'absence du destateur, sa
« mort ne soit devenue probable, par ce fait qu'il a
« atteint l'âge de vie possible aux yeux de la loi : 70 ans
« d'après les uns ; 80, 90 et 100 d'après les autres, au-
« quel cas il serait encore assimilé au défunt, et sa dis-

« position deviendrait exécutoire immédiatement. Mais
« tant qu'il n'est qu'*absent présumé vivant*, c'est le cadi
« seul, malgré la disposition du père, qui pourvoit à la
« nomination d'un tuteur aux enfants, et le tuteur tes-
« tamentaire n'entre en fonctions qu'autant que la mort
« de l'absent est devenue probable ou certaine. — Il
« faut bien remarquer que ce que nous venons de dire
« ne s'applique *qu'à l'exercice de la tutelle* du père et
« non à *ses libéralités par testament*, libéralités qui
« n'ont d'effet qu'après la mort certaine du testateur, ou
« qu'après que sa mort a été déclarée probable, en tant
« que le testateur n'était pas placé sous une des causes
« d'interdiction, au moment de sa disposition.]

    « Donc, l'intention de Khalil, par ces mots *oua ine*
« *baáouda : quand même il serait éloigné*, a été d'indi-
« quer le subdélégué du délégué du père [ou un subdé-
« légué du subdélégué], quel que soit le nombre des
« subdélégués, et quel que soit le rang d'éloignement
« [du subdélégué par rapport à ceux qui le précèdent,
« ou par rapport au délégué direct, — et n'a pas été
« d'indiquer des tuteurs nommés directement par le
« père, parce qu'alors chacun d'eux, quel que soit son
« rang de nomination, s'appelle le *délégué du père*, et
« que cette expression : « *quand même il serait éloigné*, »
« n'est applicable à aucun d'eux]. »

    Dès lors, la traduction ou l'opinion de M. Perron, qui
consiste à dire *que la tutelle revient au tuteur désigné
par le père, dans le cas où le père est* « **absent pour
un long temps,** » est contraire à l'opinion de Khalil
et de tous les jurisconsultes arabes.

§ 1.

Tutelle du père.

Le père, tuteur légal, a le droit de disposer, *à titre onéreux*, de tous les biens, **meubles** ou **immeubles** de son enfant, garçon ou fille, par sa seule volonté, sans qu'il soit besoin de *justifier de motifs*, et sans que l'aliénation qu'il consent soit soumise à des formalités spéciales. — Il n'est tenu à *aucun remploi;* il peut employer le prix comme il l'entend, sauf à en rendre compte à la majorité de son enfant : on suppose que l'amour paternel est un obstacle à toute dissipation. — Seulement, s'il y a abus dans sa gestion, le cadi peut lui retirer la tutelle, ou le faire interdire pour cause de mauvaise administration.

Il a également le droit de disposer des mêmes biens, *à titre gratuit,* mais en tant que la donation en est faite *lits-tsa-ouab* ou dans le but d'obtenir une récompense de Dieu dans l'autre monde, c'est-à-dire en tant qu'elle est pieuse, ou qu'elle a pour but, par exemple, l'affranchissement d'un esclave, ou une aumône aux malheureux : d'où la conséquence qu'une donation non pieuse serait entièrement nulle. (*Voir le § suivant, en ce qui concerne la prescription de l'action en nullité d'une donation illégalement consentie.*)

§ 2.

Tutelle de l'individu désigné par le père, dite tutelle testamentaire.

Le tuteur désigné par le père ne peut disposer des biens du mineur *qu'à titre onéreux et pour cause d'un avantage évident.*

S'il s'agit de meubles, il n'est tenu d'exposer aucun motif, et n'est soumis à aucune formalité spéciale. C'est-à-dire que pour les meubles, il est le seul juge de l'opportunité de la vente.

S'il s'agit d'immeubles, il faut toujours *un des motifs* exposés sous le § 5 ci-après, et de plus, que la vente ait lieu aux *enchères publiques* (1).

Le *remploi* du prix des *immeubles* est obligatoire pour le tuteur. Celui du prix des *meubles* est facultatif. (*Voir le* § 5 *ci-après.*)

On a agité la question de savoir si ce tuteur est obligé *d'exposer le motif* de la vente d'*immeubles ?* Les uns ont répondu : *oui*; les autres ont répondu : *non*, sans que l'une des deux opinions eût prévalu sur l'autre.

Mais ce qu'il y a de *certain*, c'est que si le motif n'a pas existé, l'acquéreur peut être inquiété par le mineur, à sa majorité ; et c'est alors à l'acquéreur, s'il veut échapper à une action en nullité de la part du mineur, ou au tuteur, s'il veut échapper à une action en garantie de la part de l'acquéreur, de prouver l'*existence du motif*, au moment de la vente.

Si ce tuteur, contrairement à son droit, a disposé en donations pieuses ou non, de biens meubles ou immeubles du mineur, le donataire doit les rendre au mineur,

---

(1) La règle, *tant pour le tuteur testamentaire que pour le cadi*, est que la vente *d'immeubles* doit avoir lieu aux *enchères publiques*, quand même un individu offrirait de l'immeuble un prix supérieur à sa valeur ; car l'offre lie celui qui l'a faite, tant que sa mise à prix n'a pas été couverte après les criées d'usage, soit au tribunal du cadi, soit au marché ; et cette offre ne saurait dispenser des criées, parce que les rivalités qu'elles engendrent peuvent faire monter l'immeuble au-dessus de la somme offerte, et dès lors sont dans l'intérêt du mineur. — Toutefois, *Ibn-Salamoune*, par exception et contrairement à l'avis de Khalil, mais lorsqu'il s'agit du tuteur testamentaire seulement, *et non du cadi*, admet la vente consentie directement par ce tuteur, sans criées préalables, moyennant un prix supérieur ou même équivalant à la valeur de l'immeuble.

s'ils existent, sinon, lui en payer la valeur ; et si le donataire insolvable ne peut plus représenter la chose, c'est le tuteur qui en paye la valeur au mineur. — Il va sans dire, que, dans ce cas, le mineur a le droit de reprendre sa chose entre les mains de tout tiers-détenteur.

Toutefois, le silence du mineur, à l'égard de cette donation, *depuis sa majorité*, pendant un laps de dix ans, serait considéré comme une ratification de la donation, d'après cette tradition du Prophète, sur la prescription acquisitive, en fait de meubles ou d'immeubles : « celui qui [publiquement, à titre de maître, et sans exercer de contrainte physique ou morale sur le vrai propriétaire, pour le réduire au silence,] a possédé une chose pendant dix ans, en devient le propriétaire [incommutable]. » (*Voir Ibn-Salamoune*, el-r'as'b *de la contrainte.*)

§ 3

Tutelle du cadi ou de son délégué

Si le mineur n'a ni père, ni tuteur désigné par celui-ci, c'est le cadi qui devient son tuteur légal. Toutefois, le cadi peut se substituer qui bon lui semble. Mais, soit qu'il s'agisse du cadi, soit qu'il s'agisse de son substitué, l'un et l'autre ne peuvent *disposer* des biens du mineur *qu'à titre onéreux et pour cause d'un avantage évident.*

S'il s'agit de *meubles*, ils ne sont tenus d'exposer aucun motif, et ne sont soumis à aucune formalité.

S'il s'agit d'*immeubles*, il faut non seulement l'*existence* d'un des motifs que nous signalerons plus loin, mais encore son *indication, et de plus, que la vente ait lieu aux enchères publiques.*

Et le tuteur institué par le cadi, n'a pas *qualité* pour

vendre les meubles ou les immeubles *à sa requête ;* c'est à la requête du *cadi* qu'ils doivent être vendus, sur la réquisition que peut lui adresser son délégué, réquisition dont le cadi est le juge discrétionnaire : ce qui veut dire que le délégué du cadi n'a qualité pour vendre ou faire vendre en son nom, qu'autant qu'il agit en vertu d'*un mandat spécial du cadi.*

Le *remploi* du prix des *immeubles* est obligatoire pour le cadi ou son délégué ; — celui du prix des *meubles* est facultatif. (*Voir le § 5 ci-après.*)

Si le cadi ou son délégué, contrairement à leurs droits, ont disposé, en donations pieuses ou non, de biens meubles ou immeubles du mineur, cette disposition est entièrement nulle : la chose est reprise par le mineur, si elle existe ; autrement, le donataire, ou le cadi, ou son délégué, en paye la valeur.

Toutefois, la prescription pourrait être opposée au mineur, depuis sa majorité, comme il a été dit plus haut, § 2.

§ 4

Formalités dont **l'entier** *accomplissement préalable à la vente est imposé, à peine de nullité, au* **cadi** *ou à* **son délégué,** *lorsqu'il s'agit des* **immeubles** *du mineur et dont l'accomplissement n'est exigé, pour* **le tuteur testamentaire,** *qu'en ce qui concerne la mise aux enchères publiques.*

Constatation

1° Que le mineur est sans père, tuteur légal, ou sans tuteur désigné par le père ;

2° Que le mineur est également sans tuteur nommé d'office par le cadi, parce que s'il y avait un tuteur de cette espèce, quoiqu'il ne puisse vendre les immeubles sans l'intermédiaire du cadi, il serait le seul juge du mérite de provoquer ou de ne pas provoquer la vente, attendu que le cadi *ne peut la provoquer directement* qu'à défaut d'un tuteur quelconque, même institué par lui ;

3° Que le mineur est réellement propriétaire de l'immeuble à vendre ;

4° Qu'il est plus avantageux de vendre l'immeuble que de le conserver ;

5° Que l'indentité de l'immeuble a été établie par témoins, afin qu'on ne puisse lui en substituer un autre;

6° Que l'immeuble a été mis aux enchères publiques, à plusieurs reprises et à des jours différents, et qu'il ne s'est plus trouvé d'enchérisseurs (1);

7° Que la dernière mise offerte représente la valeur de l'immeuble et est en deniers comptants : ce qui veut dire que si cette mise ne représente pas la valeur de l'immeuble, celui qui l'a offerte ne peut exiger que l'adjudication soit tranchée à son profit. Toutefois, s'il y avait nécessité de pourvoir à l'entretien ou à l'extinction d'une dette du mineur, comme on le verra sous le § 5 suivant, et qu'il n'y eût d'autres ressources que le prix de l'immeuble, le cadi pourrait l'adjuger au-dessous de sa valeur, si la situation du moment ne permettait pas d'en obtenir davantage.

---

(1) A la requête du tuteur testamentaire, l'adjudication n'est pas susceptible de surenchère, mais à la requête du cadi, elle est susceptible de surenchère, dans les trois jours, s'il veut bien l'accepter, car cette acceptation est *mousthabb*, louable mais facultative. — Les auteurs sont muets sur le chiffre de la surenchère, ce qui indique que le chiffre en est laissé à l'appréciation du magistrat — Ils sont également muets sur le nombre de fois que l'immeuble doit être mis aux enchères publiques, ce qui indique que deux mises suffisent, et que le tuteur ne peut augmenter ce nombre, du moment que le montant de la dernière enchère représente la valeur de l'immeuble.

Le magistrat ou son délégué ne peut se borner à constater que les formalités ci-dessus ont été remplies; il doit
en rapporter la preuve par témoins. — Toutefois, en ce
qui touche la constatation de l'indentité de l'immeuble,
les opinions sont partagées : si l'immeuble est situé dans
la localité où la vente s'en opère, il est censé connu du
public; — s'il est éloigné de cette localité, le cadi doit
indiquer les témoins qui ont constaté son indentité.

§ 5

Seuls motifs *qui nécessitent la vente des immeubles du
mineur, et dont* **l'un** *suffit pour que la vente* **doive**
s'en opérer, soit à la requête du **tuteur testamentaire,** — *soit à la requête du* **cadi,** *comme tuteur
légal des orphelins dépourvus de tout tuteur,* — *soit à
la requête du cadi, poursuite et diligence du tuteur
institué par lui.* — *Ces motifs doivent toujours être
indiqués, à peine de nullité, dans la vente consentie
par le cadi; leur existence seule suffit pour la validité
de la vente consentie par le tuteur testamentaire, sans
qu'il soit besoin de les signaler.*

La vente *aux enchères publiques* **et non pas autrement** (1) *est obligatoire :*

1º Lorsqu'il y a nécessité de pourvoir à l'entretien ou
à l'extinction d'une dette du mineur, et qu'il n'y a d'autres ressources que le prix de l'immeuble ;

2º Ou lorsqu'il y a offre d'un prix au-dessus de la
valeur de l'immeuble, offre qui ne dispense pas de la
mise aux enchères publiques, ainsi qu'il a été dit sous

_____
(1) Voir toutefois la note 1 du § 2 ci-dessus.

le § 2 ci-dessus. D'après *el-R'ornathi*, ce prix doit être d'un *tiers au-dessus* de la valeur ; d'après *Ibn-Arfa*, ce prix doit dépasser le tiers de la valeur ;

3° Ou lorsque l'immeuble est grevé d'impôts annuels ou mensuels, et que le prix en peut être employé à l'acquisition d'un autre immeuble affranchi de toute redevance ;

4° Ou lorsqu'il s'agit d'une part indivise dans un immeuble pour employer le prix de cette part à l'acquisition d'un immeuble exempt de droit de copropriété, afin de soustraire le mineur aux inconvénients de l'indivision ;

5° Ou lorsque l'immeuble est situé dans un quartier habité par des mécréants, afin d'en employer le prix à l'acquisition d'un immeuble situé dans un quartier habité par des musulmans, et cela, afin que le mineur échappe au contact des infidèles, qui pourraient altérer sa foi ;

7° Ou lorsque l'immeuble est situé dans un voisinage pernicieux, afin que le mineur échappe aux mauvais exemples ;

8° Ou lorsque l'immeuble est possédé par indivis, que le copropriétaire du mineur veut vendre sa part et que le mineur ne possède pas de quoi l'acheter. Et cela, afin que le mineur échappe aux inconvénients de l'indivision avec un copropriétaire inconnu ;

9° Ou lorsqu'il est à craindre que la population de l'endroit de l'immeuble ne se déplace, et que par suite de son éloignement de tout centre de population, il n'y ait plus d'intérêt à le conserver ;

10° Ou lorsque l'immeuble, bâtiment ou terre, menace ruine, et que le mineur ne possède pas de quoi le faire réparer ou le faire valoir. — Mais la vente est toujours préférable, quand même le mineur aurait les ressources nécessaires pour réparer ou faire valoir l'immeuble ;

11° Ou lorsque l'immeuble paraît être l'objet de convoitise d'un fonctionnaire public, ou d'une personne privée dont le crédit est à redouter.

Remploi

Après avoir examiné tous les motifs pour l'un desquels les immeubles du mineur doivent être vendus aux enchères publiques, Kharchi termine son commentaire de Khalil en parlant du *remploi*.

Mais pour l'intelligence de ce que dit Kharchi, il importe de citer préalablement le texte de Khalil.

Traduction du texte de Kalil :

« On ne doit vendre les immeubles du mineur que
« dans les cas suivants : 1° besoin, 2° ou offre d'un
« prix au-dessus de la valeur, 3° ou grèvement d'impôts,
« 4° ou indivision, 5° ou faibles revenus. — *Du prix de*
« *la vente on opère le remploi.* — 6° Ou situation de
« l'immeuble au milieu des mécréants, 7° ou situation
« de l'immeuble dans un voisinage pernicieux, 8° ou
« intention du copropriétaire du mineur de vendre sa
« part et absence de ressources chez le mineur pour
« acheter cette part, 9° ou crainte que la population ne
« se déplace, 10° ou dégradation et absence de res-
« sources chez le mineur pour réparer ou faire valoir
« l'immeuble : mais alors même que le mineur aurait
« des ressources, la vente est toujours préférable. » —
A ces dix cas, Kharchi a ajouté celui-ci : « Crainte de
convoitise de la part d'un fonctionnaire ou de tout autre
individu. »

Traduction du commentaire de Kharchi en ce qui touche le remploi :

« Cette expression de Khalil : « *fayoustebdalou Khila-* « *fouhou* (du prix de la vente on opère le remploi) » « s'applique : **1°** à tout ce que Khalil a énoncé aupara- « vant, le cas de *besoin* excepté ; mais *Zourkani* prétend « que la vente pour cause de *r'oubta* (ou offre d'un prix « au-dessus de la valeur de l'immeuble) est également « exceptée de l'obligation du remploi, **2°** à tout ce qui « est énoncé après dans le texte de Khalil, si ce n'est au « cas de la vente de la part du mineur dans un immeuble « indivis, lorsque son copropriétaire veut vendre la « sienne.

« Ce mot de Khalil *remploi* s'étend à ce qui n'est pas « immeuble (c'est-à-dire qu'il paraît devoir s'appliquer « aux meubles aussi bien qu'aux immeubles). Mais le « jurisconsulte *Sènhouri*, dans son commentaire, dit que « le remploi est restreint aux immeubles (c'est-à-dire « que le prix de la vente d'un immeuble du mineur ne « peut être employé qu'à l'acquisition d'un autre im- « meuble). »

Il faut remarquer que l'obligation de *remploi* ne con- cerne que le tuteur, et que l'acquéreur n'a pas à s'in- quiéter de l'exécution de cette obligation : une fois qu'il a payé son prix au tuteur, il ne peut être recherché.

L'exception au *remploi*, dans les cas prévus sous les numéros 2° et 8°, s'entend en ce sens que le remploi n'est pas obligatoire *immédiatement* pour le tuteur, mais qu'il le devient lorsqu'une occasion avantageuse se présente pour le mineur.

*Quelques observations sur la traduction de M. Perron,
au sujet des matières dont nous venons de parler sous
la section 2 qui précède.*

1°

Au vol. 4, p. 70, on lit : « Le tuteur testamentaire ne
« peut rien vendre des biens ou objets appartenant à
« l'orphelin *qu'à prix direct* ou *vente régulière*, jamais
« par *voie estimative* de la valeur de la chose à vendre. »

Il est assez difficile de saisir, *au point de vue de l'intérêt du mineur*, la différence qu'il y a entre *une vente
à prix direct* ou *vente régulière*, et une vente *par voie
estimative*, car une vente, après estimation de la chose,
semble plus conforme aux intérêts du mineur qu'une
vente à prix direct. — Aussi, hâtons-nous d'ajouter que
Khalil n'a pas dit ce que lui prête M. Perron, ainsi
qu'on va le voir.

En effet, il semble résulter de cette traduction que le
tuteur testamentaire *peut vendre un immeuble directement à un tiers*. C'est une erreur : il ne le peut qu'aux
enchères publiques, contrairement à ce qui se passe pour
les *meubles* qu'il peut vendre sans cette formalité, car,
d'après Kharchi : « le tuteur testamentaire ne peut
« vendre [directement à un individu un immeuble]
« même moyennant sa *valeur* (K'ima) [c'est-à-dire qu'il
« ne doit le vendre qu'aux enchères publiques, parce
« qu'il peut arriver qu'un étranger en offre un prix su-
« périeur à sa valeur]. Cette faculté de vendre directe-
« ment [un immeuble sans recourir aux enchères pu-
« bliques], n'appartient qu'au père tuteur légal. Le

« cadit est dans les mêmes conditions que le *tuteur tes-*
« *tamentaire* » (1).

Si M. Perron n'est pas édifié sur ce fait que la vente
d'un *immeuble* par le tuteur testamentaire ne peut avoir
lieu qu'aux enchères publiques, il n'a qu'à consulter les
formules d'actes d'*Ibn–Salamoune*, chapitre de la vente.

2°

Au vol. 4, p. 76, dans l'indication *des motifs de la
vente*, M. Perron dit que les immeubles du mineur
peuvent être vendus ; ce qui fait supposer que malgré
l'existence de ces motifs, la vente en est *facultative.*
C'est encore une erreur : les motifs signalés rendent la
vente *obligatoire.* Par conséquent, M. Perron aurait dû
traduire : la vente ou l'aliénation des biens immeubles
du mineur qui n'a pas de père tuteur légal, *devient
obligatoire,* 1° : etc.

3°

A la page 76 du même volume, M. Perron *impose*
l'obligation du *remploi,* dans le cas de vente par suite
d'offre d'un prix supérieur à celui qu'a coûté l'immeuble.
Or Kharchi, que M. Perron traduit entre des crochets,
n'impose nullement cette obligation, mais semble dire
au contraire, avec *Zourkani,* que dans ce cas de vente,
le remploi n'est pas obligatoire. Au surplus, l'opinion
de Zourkanı méritait d'être citée.

---

(1) Or, si le cadi est dans les mêmes conditions que le tuteur testamentaire pour
la vente des *immeubles,* on n'a qu'à lire ce que dit immédiatement après Khalil,
en parlant des formalité que doit observer le cadi, et au nombre desquelles figure,
en sixième ligne, *la mise aux enchères publiques.*

4°

Aux pages 76 et 77 du même volume, M. Perron a
restreint le remploi aux cas des numéros 2 et 5 ; ce qui
fait naturellement supposer qu'il exclut le remploi dans
les autres cas, tandis que *Kharchi, in fine*, dit formellement que le remploi doit également avoir lieu dans tous
les autres cas prévus, sauf ceux que j'ai indiqués plus
haut, dans la traduction du commentaire de Kharchi.

5°

Enfin, M. Perron laisse complètement ignorer si le
remploi peut s'appliquer aux immeubles ou aux meubles,
tandis que Kharchi, d'accord avec *Sènhouri*, dit que le
remploi est restreint aux immeubles.

**Comment veut-on qu'avec la traduction de
M. Perron, le magistrat français puisse
appliquer justement aux Arabes leur statut
personnel !**

Afin de bien édifier le lecteur, je vais lui donner un exposé sommaire de la doctrine, sur l'incapacité et la capacité des personnes, au point de vue de tous les actes de
la vie musulmane, y compris le mariage, d'après Ibn-
Salamoune, l'auteur le plus distingué, le plus clair et le
plus complet, sur le sujet qui nous occupe, ainsi que
d'après Khalil et son commentateur Kharchi. En citant
ces auteurs, je me suis bien gardé de donner une traduction littérale de leurs textes, parce qu'elle aurait été
incompréhensible pour un Européen non versé dans la
connaissance du droit musulman. Ma traduction a été
libre, mais strictement conforme à l'esprit des textes et
à la jurisprudence. Pour être clair, je suis tombé iné-

vitablement dans des redites ; le lecteur *sérieux* ne les trouvera pas de trop, sur des matières *qui intéressent fortement notre administration*, et auxquelles nos administrateurs *des régimes passés* ont été presque totalement étrangers, après quarante ans d'occupation en Algérie !

§ 1

De la minorité sous le rapport du gouvernement de la personne, et des signes de la puberté

De la minorité sous le rapport du gouvernement
de la personne

Le garçon, jusqu'à l'âge de puberté accompagnée de discernement, est mineur sous le rapport du gouvernement de sa personne, et à plus forte raison sous le rapport de l'administration de ses biens. C'est-à-dire qu'il ne peut quitter le domicile que son tuteur lui a assigné.

La fille est mineure dans les mêmes conditions, non-seulement jusqu'à l'âge de puberté accompagnée de discernement, mais encore jusqu'à ce qu'elle ait consommé le mariage ; et si elle ne se marie pas, ou si étant mariée, elle n'a pas consommé son mariage, elle reste en minorité, sous le rapport du gouvernement de sa personne, jusqu'à l'âge dit *tânis :* cinquante ans d'après les uns, soixante d'après les autres.

Toutefois, la fille, quand elle est pubère, peut être déclarée majeure pour les biens sans pour cela devenir majeure pour le gouvernement de sa personne ; tandis que la majorité chez le garçon, à l'égard des biens, emporte de plein droit la majorité à l'égard du gouvernement de sa personne.

Des signes de la puberté, d'après Ibn-Salamoune

Les signes de la puberté, chez l'homme et la femme,
sont 1° les pollutions nocturnes ou les éjaculations
spontanées, 2° l'existence de poils réels au pubis et non
de poils follets, 3° l'âge de 18 ans, d'après les uns, de
17 ou 25 ans, d'après les autres. — Chez la femme, la
puberté se manifeste en outre par : 1° la menstruation,
ou 2° par la grossesse.

D'après *Ibn-Oueddhah*, la jeune fille impubère [de
neuf ou dix ans] peut devenir enceinte avant la menstruation, lorsqu'elle a été fécondée par un individu pubère ; mais le jeune garçon ne peut engendrer qu'autant
qu'il a eu des pollutions nocturnes ou des éjaculations
spontanées.

Certains jurisconsultes de Bagdad disent que l'existence
de poils réels au pubis est le signe le plus évident de la
puberté, parmi les trois signes que nous avons signalés
comme étant communs à l'homme et à la femme.

Les pollutions ou les éjaculations — *comme seul
signe de la puberté* — n'imposent à l'individu qui les a
eues, que l'obligation de satisfaire aux *hok'ouk' ollah* ou
aux prescriptions spécialement établies en faveur de
Dieu, concernant la prière, le jeûne, etc. [sans que le
magistrat chargé d'appliquer la loi puisse examiner si
l'individu a ou n'a pas rempli cette obligation], parce
qu'à cet égard, le *pubère dont nous parlons* n'a d'autre
juge que Dieu.

Par conséquent, les pollutions ou les éjaculations,
comme seul signe de la puberté, ne peuvent soumettre
l'individu qui les a eues aux *hok'ouk'-el-adamiyine* ou aux
prescriptions spécialement établies pour l'homme social,

concernant les peines déterminées [ou indéterminées] (1) le talion, le divorce, etc., parce qu'il faut pour cela un signe certain de puberté que l'on ne puisse dissimuler, et ce signe ne peut être que *el-inbat* ou l'existence de de poils réels au pubis. — [Et les pollutions ou les éjaculations, *comme seul signe de la puberté*, ne peuvent, à plus forte raison, soumettre l'individu qui les a eues aux prescriptions pénales spécialement établies au profit de Dieu, pour inobservation de la prière, du jeûne, etc., parce qu'il faut également pour cela un signe certain de puberté que l'on ne puisse dissimuler, et ce signe est *el-inbat*.]

C'est à ce signe que le Prophète s'est rapporté pour condamner à mort les *beni-K'aridha*, qui s'étaient révoltés contre lui. Ceux qui n'avaient pas ce signe furent seuls épargnés, comme n'étant pas responsables pénalement.

D'après ces errements du Prophète, Malek a été de cet avis que les lois pénales sont applicables à l'individu dont la puberté est signalée par l'existence de poils réels au pubis ; mais *ibn-el-K'asen* préfère que l'on n'applique les lois pénales à l'individu (homme ou femme) dont la puberté est signalée par l'existence de poils réels au pubis, qu'autant qu'il a eu des pollutions ou des éjaculations spontanées, ou qu'autant qu'il a atteint l'âge auquel il est présumé en avoir eu.

---

(1) Les peines déterminées sont celles que le magistrat ne peut ni augmenter, ni diminuer, et dont le souverain ne peut faire grâce. — Les peines indéterminées sont laissées à la discrétion du magistrat.

§ 2

De la minorité et de l'interdiction sous le rapport de l'administration des biens et des actes de la vie musulmane

Les causes de minorité et d'interdiction, tant pour l'homme que pour la femme, d'après Kharchi, sont :

1° Le jeune âge *(siba)*, qui dure *(sous le rapport de la minorité)*, non-seulement jusqu'à la puberté, mais encore après la puberté, jusqu'à ce que l'individu soit notoirement reconnu ou spécialement déclaré apte à administrer sa fortune, dans les conditions qui seront ci-après énoncées, sous le titre : *De la majorité ;*

2° L'état habituel de démence ou de fureur *(el-djonoune)*, même lorsque cet état présente des intervalles lucides ;

3° L'état habituel soit de prodigalité, soit de faiblesse d'esprit, soit d'imbécillité, — ou l'inaptitude complète à administrer les biens : *(essefaha) ;*

4° L'esclavage *(errik'k' ;*

5° La déconfiture *(el-feles)*, qu'il s'agisse d'un commerçant ou d'un non-commerçant ; ·

6° La maladie réputée mortelle (*el-mardh bikoutsrati-l-maout*, et par analogie, le danger de mort ;

7° Le mariage relativement à l'épouse *(ennikah-fizzaoudja)*.

Ce qui est applicable au tuteur du mineur, l'est également au tuteur de l'interdit, ou à l'individu frappé d'incapacité après sa majorité, mais en tant que son incapacité ou son interdiction est *totale :* si elle n'était que *partielle*, il n'y aurait pas lieu de lui nommer un tuteur, ainsi qu'on le verra plus loin.

Kharchi a *confondu* dans un même paragraphe les

causes de minorité et d'interdiction, parce que l'incapa-
·cité qui en résulte s'appelle sans distinction *hidjr :* empêchement, prohibition de faire quelque chose. Mais
cette incapacité n'est pas identique, car en cas de *minorité,* l'incapacité est *totale* [tandis qu'en cas *d'interdiction,* elle peut être *totale* ou peut n'être que *partielle.*

Par suite de cette *confusion,* le mineur et l'interdit
sont indiqués chacun par cette expression *mahdjour
âlih :* celui qui a été frappé d'empêchement, de défense.
Et comme la même expression leur est appliquable, on
les distingue l'un de l'autre *par l'indication de la cause
·qui donne lieu à l'empêchement ou à la défense.* Ainsi,
mahdjour âlih mine siba indique celui qui est frappé
d'incapacité en raison de son jeune âge, c'est-à-dire *le
véritable mineur ; — mahdjour âlih mine djonoune,* indique l'individu frappé d'incapacité pour cause de démence
ou de fureur, c'est-à-dire le *majeur* qui a été frappé d'interdiction ; — *mahdjour âlih mine sefaha,* indique également le majeur qui a été frappé d'interdiction pour
cause de *sefaha.* Mais il faut remarquer que le mineur,
quand même il serait sous le coup d'une cause d'interdiction outre que celle du *jeune âge,* est toujours qualifié
de *frappé d'interdiction en raison de son jeune âge,* parce
que cette cause, à elle seule, suffit pour le frapper d'interdiction totale, sans qu'il soit besoin d'en indiquer une
autre; tandis que si l'on dit qu'un individu est frappé
d'interdiction totale pour une autre cause que celle du
jeune âge, on fait allusion à un individu qui est devenu
rachid (majeur), puis qui a été interdit, ou l'on fait
fait allusion à l'esclave, qui reste perpétuellement en
minorité, tant qu'il n'a pas été affranchi complètement.
— Toutefois le mineur, *après la puberté* et tant qu'il
n'est pas devenu majeur, cesse de prendre le nom de

7

sabi (enfant) pour s'appeler *safih : prodigue, faible d'esprit, imbécile, inepte en affaires,* non parce qu'il a été
reconnu tel, mais parce qu'il est *présumé tel,* tant qu'il
n'a pas été déclaré ou n'est pas devenu majeur.

L'incapacité *totale,* qu'elle s'applique au mineur ou à
l'interdit, ne les prive jamais du droit d'administration
pour ce qui est relatif à leurs dépenses nécessaires de
nourriture, de vêtement et de logement. C'est là un
droit naturel qu'aucune loi positive ne peut détruire. —
D'un autre côté, l'incapacité qui les frappe n'étant établie
que dans leur intérêt, il s'ensuit qu'ils ont droit et action, avec l'assistance de leurs tuteurs, pour demander
le maintien des actes qui leur sont profitables, en tant
que ces actes ne sont pas contraires à la religion ni aux
bonnes mœurs et ne concernent pas le mariage ; — il
n'y a d'exception qu'à l'égard de l'esclave, car l'incapacité
qui le frappe n'étant établie que dans l'*intérêt du maître,*
au maître seul appartient le droit de faire maintenir ou
annuler les actes consentis par son esclave. — Le
mineur impubère ou pubère et l'interdit sont civilement
responsables de leurs crimes, délits ou contraventions ;
il n'y a d'exception qu'en matière d'abus de dépôt, parce
que le déposant est blâmable de s'être adressé à des
incapables, à moins que la chose n'ait tourné à leur
profit, d'après cette règle que nul ne peut s'enrichir aux
dépens d'autrui. — Le maître est responsable de son
esclave dans les mêmes conditions, mais il peut se décharger de cette responsabilité en abandonnant l'esclave
à celui qui en a éprouvé un préjudice.

Les individus frappés d'interdiction *partielle* n'ont pas
de tuteurs, car ils demeurent maîtres de leurs droits ;
seulement, la loi les prive de la faculté d'en disposer de
telle ou telle manière, *ce qui leur réserve la faculté d'en*

disposer autrement. Ainsi: 1° l'individu en déconfiture, dont les biens n'ont pas été placés sous la main de justice, ne peut en disposer par des libéralités, parce qu'il priverait ses créanciers d'un gage que la loi leur attribue, mais il peut en disposer à titre onéreux, en donnant le prix ou en le déléguant à ses créanciers ; — 2° l'individu atteint d'une maladie réputée mortelle ou qui est en danger de mort, ne peut disposer par *donation entre-vifs* de plus du tiers de ses biens, ce qui lui laisse le droit de disposer de tous ses biens *à titre onéreux ;* — 3° la femme en puissance de mari ne peut également disposer par donation entre-vifs, au profit d'un individu autre que son mari, de plus du tiers de ses biens, et ce, afin qu'elle ne rende pas illusoire le droit de succession que le mari a sur les biens de sa femme, mais elle peut disposer de tous ses biens, *à titre onéreux :*

1° Le jeune âge jusqu'à la majorité, 2° l'état habituel de démence ou de fureur, 3° l'état habituel soit de prodigalité, soit de faiblesse d'esprit, soit d'imbécillité, ou l'inaptitude complète en affaires, 4° l'esclavage *sont des causes d'incapacité totale,* qui nécessitent à celui qui est placé sous le coup de l'une d'elles, un tuteur, tuteur qui est le père, ou son délégué par testament, ou le cadi ou son délégué, *s'il s'agit d'une personne de condition libre ;* — en ce qui concerne l'esclave, il n'a d'autre tuteur que son maître, à moins que le maître ne soit mineur ou interdit, auquel cas l'esclave fait partie des biens dont le tuteur du mineur ou de l'interdit a l'administration. — 5° La déconfiture, 6° la maladie réputée mortelle ou le danger de mort, 7° le mariage relativement à l'épouse *sont des causes d'interdiction partielle,* qui ne nécessitent aucun tuteur à celui qui est placé sous le coup de l'une d'elles.

La loi musulmane ne reconnaît pas de conseil judiciaire au prodigue ni au faible d'esprit : ces individus
sont assimilés au mineur.

D'après Ibn-Salamoune, le cadi doit pourvoir d'un
tuteur [les individus *majeurs*, savoir] : 1° celui qui a
perdu la raison pour cause de folie ou autre, 2° le vieillard qui est en enfance, 3° l'individu atteint de *sefaha*.
— Afin de les distinguer du véritable mineur ou de celui
qui n'a jamais eu la capacité légale, nous avons vu
qu'on les signalait par l'indication de la cause qui donne
lieu à l'interdiction, mais on les appelle encore : ceux
qui font partie des personnes qui méritent qu'on frappe
sur leurs mains *(mimmene iestahah'k'ou oddharb âla
yedihi)*, expression métaphorique qui s'applique à un
majeur méritant l'interdiction, et qui signifie qu'on
retire de ses mains les pouvoirs qu'il tenait de la loi. La
même expression s'applique à un fonctionnaire méritant
la destitution.

En matière d'interdiction, le cadi entend des témoins,
interroge l'individu à interdire, le met en demeure de
se justifier, puis lui nomme un tuteur, si le cas y échet.

Pour que l'interdiction puisse être opposée aux tiers,
il est nécessaire que le cadi donne de la publicité à son
jugement, en le faisant connaître verbalement dans les
prétoires de la localité, afin que les tiers ne puissent
prétexter cause d'ignorance.

Une fois l'interdiction prononcée et rendue publique,
l'interdit, pour tous les actes de la vie musulmane, est
assimilé au mineur.

Malek et ses partisans admettent comme valables
les actes antérieurs au jugement et à sa publicité.
Sèhnoune est du même avis, et ajoute : quand même
l'état du *safih* ou de l'individu atteint de *sefaha* aurait

été aussi notoire que celui de ce fameux dissipateur de l'Andalousie, qui pilait des perles fines et en versait la poussière dans les coupes de ses compagnons de table.

Mais *Ibn-el-Kasem* soutient que les actes de cet individu sont nuls, par le seul fait qu'il était sous l'influence de la cause donnant lieu à interdiction [que cette cause ait été ou non notoire].

Asbar'-ibn-el-faredj fait deux distinctions : 1° si l'état de sefaha de l'individu est *notoire* et *complet*, ses actes ne sont pas valables ; 2° si son état de sefaha est incomplet, en ce sens que l'individu est apte pour certains actes, et inepte pour certains autres, tous ses actes sont valables, avant le jugement d'interdiction, quand même son inaptitude pour certains actes aurait été notoire.

Celui qui s'adonne aux liqueurs fermentées, mais qui sait administrer, ne doit pas être interdit.

Lorsqu'il s'agit d'interdiction et de déclaration de majorité, il est bon (mais non obligatoire) que le cadi entende un grand nombre de témoins, et non pas deux simplement, quand même ils seraient des *àdoul (témoins honorables, vertueux, au courant de la loi en fait de témoignage, dont la déposition fait toujours foi en justice,* — par opposition aux témoins pris dans le vulgaire et qui ne remplissent pas ces conditions.)

Du moment que le cadi a connaissance par un fonctionnaire ou tout homme privé qu'un individu est à interdire, il doit faire les diligences nécessaires pour s'enquérir de son état et prononcer son interdiction, s'il y a lieu. Ce qui veut dire que tout parent, tout étranger, est recevable à provoquer l'interdiction.

L'interdiction déclarée *après la majorité* cesse de plein droit par l'absence des causes qui l'ont fait prononcer, sans qu'il soit besoin d'un jugement de main-levée. Mais, dit Karchi, si l'interdiction, *pour cause de démence ou de fureur*, est ancienne, c'est-à-dire dure depuis longtemps, il faut un jugement pour en obtenir la main-levée.

Nous venons de dire : « l'interdiction prononcée *après* « *la majorité* cesse de plein droit par l'absence des « causes qui l'ont fait prononcer. » Or, ces mots, *après la majorité*, peuvent paraître une superfluité, car *avant la majorité*, l'interdiction n'a pas besoin d'être prononcée, puisqu'elle résulte de plein droit de l'état de minorité. Mais il faut remarquer que le père ou son délégué, après la puberté du mineur et à l'approche du moment *où il peut devenir de plein droit majeur*, a le droit de renouveler ou de confirmer l'état d'incapacité du mineur, afin que les tiers ne puissent prétexter cause d'ignorance : ce qui équivaut alors à une interdiction prononcée *avant la majorité*, qui ne cesse qu'autant que le tuteur en a donné main-levée, quand même les causes de l'interdiction n'existeraient plus.

Remarque. Ibn-Salamoune, en parlant du jugement d'interdiction, ne fait allusion qu'au safih ou à l'individu atteint de sefaha, parce que l'état de cet individu n'est pas ordinairement notoire, et qu'un jugement peut seul signaler cet individu au public. Ce qui veut dire implicitement, que pour l'individu *qui est dans un état habituel de démence ou de fureur*, il n'est pas nécessaire d'un jugement pour l'interdire, car son état est censé connu du public. Par conséquent, l'individu qui est dans un état habituel de démence ou de fureur est interdit de *plein droit* par le seul fait de son état.

§ 3

De la tutelle du gouvernement de la personne

La tutelle du gouvernement de la personne ou la tutelle de bas âge, appelée *hidhana* (incubation) ou *hidjr ennèfs* (interdiction de la personne) ou *tedbir ennèfs* (gouvernement de la personne), consiste à donner des soins purement matériels à l'enfant, en le nourrissant, en le vêtissant et en lui procurant un abri ou une demeure.

Cette tutelle est attribuée aux femmes de préférence aux hommes, parce qu'elles sont plus aptes que ceux-ci à soigner un enfant.

Elle leur est attribuée comme un droit et non comme un devoir, parce qu'on suppose que les parents de l'enfant ne sont pas assez dénaturés pour considérer cette tutelle comme une charge. C'est ce qui résulte de cette réponse du Prophète à une femme qui venait d'être répudiée par son mari et que ce dernier voulait séparer de son enfant : C'est à toi, lui dit le Prophète, qu'appartient le droit de garder cet enfant jusqu'à ce que tu te remaries et que tu aies consommé le mariage. (*Voir trad. de Khalil par M. Perron, vol. 3, p.* 566.)

Cette tutelle ne prive pas le tuteur des biens du droit de donner à l'enfant une éducation morale, ni de lui apprendre un métier ou une profession.

Le tuteur ou la tutrice du gouvernement de la personne a le droit, pour des besoins urgents du mineur, et lorsque le tuteur des biens ne veut pas y pourvoir, de disposer d'abord des revenus des biens du mineur, puis des biens mêmes, meubles ou immeubles, lorsque ces biens sont d'une petite valeur : 10, ou 20 ou 30 dinars. *(Le dinar équivaut à six francs trente centimes.)* Et s'il s'agit d'un immeuble, il ne peut le vendre qu'aux enchères publiques. *(Voir chap. 4, section 2.)*

Je renvoi le lecteur à la traduction de M. Perron, t. 3, p. 159, pour connaître les personnes qui sont chargées de cette espèce de tutelle. — Je le renvoie également à ce que j'ai dit, chap. 1, sections 3 et 4.

De ce que cette tutelle se borne *aux soins de l'enfance*, il en résulte qu'elle ne dure, pour celui ou celle à qui elle est spécialement attribuée, que jusqu'à la puberté du mineur, parce que la femme surtout ne saurait être chargée indéfiniment des soins d'une grande personne, notamment des soins d'un homme.

Par conséquent, après la puberté, qu'il s'agisse d'un garçon ou d'une fille, la tutelle du gouvernement de sa personne se confond avec la tutelle de l'administration des biens. — Si les auteurs disent que la tutelle du gouvernement de la personne dure, pour le garçon, jusqu'à ce qu'il soit devenu pubère assez intelligent pour distinguer le bien du mal, et pour la fille jusqu'à ce qu'elle ait consommé le mariage ou atteint l'âge *tânis,* cela signifie que tant qu'ils sont sous cette tutelle, *ils ne sont pas libres d'aller où ils veulent et doivent rester au domicile qui leur a été assigné par le tuteur,* mais il ne saurait en résulter, comme je viens de le dire, que cette tutelle dût se prolonger, *entre les mains du tuteur ou de la tutrice,* au delà du temps pour lequel elle a été établie, c'est-à-dire *au delà de l'enfance.*

§ 4

De la tutelle des biens

(*Voir chap. 4, section 2.*)

§ 5

De l'émancipation

(*Voir chap. 1, section 5.*)

L'émancipation ne s'applique pas à la fille et à la femme ; elles restent complètement mineures tant qu'elles ne sont pas devenues ou n'ont pas été déclarées majeures.

§ 6

De la majorité

Sous le rapport du gouvernement de la personne. — Sous le rapport pénal. — Sous le rapport de l'administration des biens et des actes de la vie musulmane, en ce qui touche le garçon de condition libre. — Sous le rapport de l'administration des biens et des actes de la vie musulmane, en ce qui touche la fille de condition libre. — De l'esclave. — De l'affranchi. — Opinions diverses sur la majorité du garçon de condition libre, en ce qui concerne les biens et les actes de la vie musulmane. — Opinions diverses sur la majorité de la fille de condition libre, en ce qui concerne les biens et les actes de la vie musulmane.

Sous le rapport du gouvernement de la personne

Le garçon de condition libre devient majeur lorsqu'il est pubère *âkilane* ou assez intelligent pour distinguer le bien du mal. A ce moment, il peut quitter le domicile de son tuteur, d'après cette tradition du Prophète : « *Lorsque le garçon est devenu pubère, il peut aller où il veut,* » parce qu'alors, il devient responsable *pénalement* de ses actes.

La fille de condition libre ne devient majeure, sous le même rapport, qu'autant que pubère elle a consommé le mariage. Et si elle ne se marie pas, ou si étant mariée, elle n'a pas consommé son mariage par la cohabitation ou la conjonction, elle reste mineure jusqu'à l'âge dit *tànis* : cinquante ans d'après les uns, soixante d'après les autres. *(La fille qui est devenue majeure par la consommation du mariage, et qui est en puissance de mari doit rester au domicile conjugal ou au domicile qu'elle s'est choisi par son contrat de mariage.)*

Mais qu'il s'agisse du garçon ou de la fille, impubères ou pubères, qu'ils aient ou non agi avec discernement, ils sont *civilement* responsables de leurs crimes, délits ou contraventions ; il n'y a d'exception qu'en matière d'abus de dépôt, parce que le déposant est blâmable de s'être adressé à un incapable, à moins que la chose n'ait tourné au profit du mineur, d'après cette règle que nul ne peut s'enrichir aux dépens d'autrui.

L'esclave pubère, homme ou femme, qui n'a pas été affranchi totalement, ne devient jamais majeur sous le rapport du gouvernement de sa personne, car tant qu'il est esclave, il appartient, *corps et biens*, à son maître. Mais le fait seul de la puberté avec discernement le rend responsable *pénalement*. Et dans tous les cas son maître en est *civilement* responsable et ne peut se décharger de cette responsabilité qu'en abandonnant l'esclave à celui qui en a éprouvé un préjudice.

L'affranchi total est soumis aux règles ordinaires sur la minorité et la majorité, avec cette exception que la tutelle de ses biens revient au patron ou aux héritiers du patron, si le père de l'affranchi est esclave ou incapable.

Sous le rapport pénal

Le garçon et la fille, libres ou esclaves, deviennent majeurs par le fait de la puberté accompagnée de discernement et manifestée par l'existence de poils réels et non de poils follets au pubis, d'après cette action du Prophète d'avoir condamné à mort les *Beni-K'aridha* qui s'étaient révoltés contre lui, et de n'avoir épargné que les individus dont la puberté n'était pas signalée par le signe que nous venons d'indiquer. — Et comme ce signe de puberté est commun à l'homme et à la femme, il résulte de ce que nous venons de rapporter que le Prophète ordonna l'extermination des Beni-K'aridha pubères, hommes et femmes : des premiers, afin qu'ils ne se soulevassent plus contre lui ; des secondes, afin qu'elles n'enfantassent plus d'individus pouvant un jour se révolter :

Avis au gouvernement français en cas de nouvelle insurrection des Arabes de l'Algérie.

Sous le rapport de l'administration des biens et des actes de la vie musulmane, en ce qui touche le garçon de condition libre.

Le garçon mineur ne devient *rachid* ou majeur *qu'à l'âge de puberté* et que dans les conditions que nous allons indiquer : *avant la puberté*, il n'y a pas de majorité possible tant pour le garçon que pour la fille.

Le garçon pubère placé sous la tutelle de son père devient majeur par une déclaration du père faite devant deux témoins *ádouls* ou le cadi ; — sinon, il devient majeur *de plein droit*, par ce fait qu'il est notoirement reconnu apte à bien administrer sa fortune. Mais si le père, avant la majorité, a de nouveau frappé d'incapacité son fils, qui était déjà incapable de par la loi, il ne devient majeur que par une déclaration du père.

Le garçon pubère placé sous la tutelle testamentaire ne devient majeur que par une déclaration de son tuteur. Si le tuteur testamentaire a plus de droit que le père, pour maintenir le garçon en tutelle, c'est parce que, dit Kharchi, le père, en lui désignant un tuteur, l'a de nouveau frappé d'interdiction, et que c'est alors au tuteur testamentaire qu'appartient le droit de la faire cesser. [Mais en cas de mauvais vouloir du tuteur testamentaire, le cadi peut déclarer la majorité du garçon.]

Le garçon pubère qui n'a ni père ni tuteur testamentaire et qui, par conséquent, se trouve placé sous la tutelle du cadi ou de son délégué, devient majeur par une déclaration du cadi, sinon il devient majeur *de plein droit* par le fait de la puberté, si sa capacité est notoire. — D'après certains auteurs, il devient majeur de plein droit, par le seul fait de la puberté, *fût-il même incapable de diriger ses affaires.*

Les auteurs qui déclarent ce garçon majeur, par le seul fait de la puberté, *fût-il même incapable de diriger ses affaires,* parlent seulement de l'incapacité pour cause de *sefaha,* car l'état habituel de démence ou de fureur le rendrait incapable de *plein droit.* D'où il résulte que ce garçon, quoique atteint de *sefaha,* est capable tant qu'il n'a pas été interdit par un jugement, ainsi que nous l'avons vu sous le § 2 ci-dessus.

Sous le rapport de l'administration des biens et des actes de la vie musulmane, en ce qui touche la fille de condition libre.

La fille mineure ne devient *rachida* ou majeure *qu'à l'âge de puberté* par le fait de la menstruation et que dans les conditions que nous allons indiquer :

La fille pubère placée sous la tutelle de son père ne devient majeure qu'après la consommation du mariage, par la cohabitation ou la conjonction, et qu'autant que deux témoins *adouls* ont certifié son aptitude à bien administrer sa fortune. — Avant le mariage, ou après le mariage non consommé, le père a la faculté de déclarer sa fille majeure, mais cette majorité, dit Kharchi, ne consiste pour elle qu'à être affranchie du droit de contrainte au mariage : quant aux actes de la vie civile, elle ne peut les passer qu'avec l'assentiment de son père. *Après la mort* du père, sa déclaration de majorité reçoit pleine et entière exécution, en supposant que la fille ne soit pas devenue majeure *auparavant*. — A défaut de ce qui vient d'être dit, cette fille ne devient majeure *de plein droit* qu'à l'âge dit *tànis*, si son aptitude est notoire.

La fille pubère placée sous la tutelle testamentaire ne devient majeure qu'après la consommation du mariage et que par une déclaration de son tuteur et de deux témoins, si, dit Kharchi, son tuteur ne l'a pas déclarée majeure auparavant: ce qui impliquerait qu'avant le mariage ou sa consommation, le tuteur testamentaire a le droit de déclarer sa pupille majeure. Mais à cet égard, il y a divergence d'opinions, car la règle, dit ensuite Kharchi, est que le tuteur testamentaire ne peut déclarer

sa pupille majeure *qu'après* et non *avant* la consommation du mariage. — A défaut de ce que dessus, cette
fille devient majeure de plein droit, à l'âge dit *tânis*, si
son aptitude est notoire.

La fille pubère qui n'a ni père ni tuteur testamentaire
et qui, par conséquent, est placée sous la tutelle du cadi
ou de son délégué, devient majeure *après* la consommation du mariage, par une déclaration du cadi ou de son délégué. Mais ce droit a été contesté au délégué du cadi,
c'est-à-dire que, d'après certains auteurs, le cadi seul a
le droit de déclarer l'orpheline majeure, après la consommation du mariage, et que le délégué du cadi ne
peut déclarer la majorité que dans les conditions du
tuteur testamentaire, à savoir qu'il faut tout à la fois :
1° que l'orpheline ait consommé le mariage, 2° que le délégué du cadi la déclare majeure, 3° que deux témoins
certifient l'aptitude de la fille. — Faute de ce qui précède, cette fille devient majeure *de plein droit* à l'âge
dit *tânis*.

De l'esclave

Kharchi, après avoir parlé des causes de minorité et
d'interdiction qui précèdent celle de l'esclavage, s'exprime ainsi :

« C'est au lecteur [maintenant, d'après ce que nous
« venons d'exposer], d'examiner si le maître a le droit
« de déclarer majeur son esclave [*homme* ou femme],
« ou s'il n'a pas ce droit, et si, dans le cas où il l'aurait,
« l'esclave doit être assimilé à la fille vierge [placée
« sous la tutelle de son père, qui devient majeure par
« une simple déclaration du père, et dont la majorité
« est retardée jusqu'à la mort de ce dernier. Mais à cet
« égard, il faut consulter ce que dit plus loin Khalil,

« sur l'esclave qui a été autorisé par son maître à se
« livrer à des opérations commerciales. »

Ce qui signifie que l'esclave ne peut avoir d'autre
majorité que celle du *madoune lahou*, ainsi que je l'ai expliqué sous le chap. 1, section 17.

De l'affranchi

L'affranchi total est soumis aux règles ordinaires sur
la minorité et la majorité ; il a pour tuteur son père ou
le délégué du père, s'ils ne sont pas esclaves. Mais la
tutelle ne revient au cadi qu'à défaut du patron et de
ses héritiers.

Opinions diverses sur la majorité du garçon de condition libre, en ce qui touche les biens et les actes de la vie musulmane, d'après Ibn-Salamoune.

Le garçon ne peut devenir majeur qu'à l'âge de puberté : cette règle est générale.

Le garçon pubère qui a son père devient majeur de
plein droit par le fait de la puberté, si sa capacité est
notoire. S'il est reconnu comme incapable, il reste mineur. Si sa capacité est *ignorée,* il reste mineur tant
qu'elle n'est pas devenue *certaine.* — D'après certains
auteurs, il est réputé majeur, tant que son incapacité
n'a pas été établie [par un jugement d'interdiction].

Le garçon pubère placé sous la tutelle testamentaire
ne devient majeur [malgré sa puberté et sa capacité]
que par une déclaration de son tuteur.

*Le garçon pubère placé sous la tutelle d'un individu
désigné par le cadi* ne devient majeure [malgré sa puberté
et sa capacité] que par une déclaration de son tuteur.

— Des auteurs prétendent que ce tuteur ne peut déclarer la majorité qu'avec l'autorisation du cadi ; — d'autres, qu'il peut la déclarer sans cette autorisation ; — d'autres enfin, que ce garçon devient majeur dans les mêmes conditions que celui qui est placé sous la tutelle de son père.

En ce qui touche le garçon pubère placé sous la tutelle du cadi, parce qu'il n'a ni père, ni tuteur testamentaire, ni tuteur désigné par le cadi :

1° Il devient majeur de plein droit, par le fait de la puberté, qu'il soit ou non reconnu capable ou incapable d'administrer.

2° Si son incapacité est connue, il reste en tutelle ; — si elle n'est survenue qu'après avoir joui de sa capacité ou être devenu majeur, il reste majeur [tant qu'il n'a pas été interdit par un jugement], et ses actes sont valables, à moins qu'ils ne constituent des spoliations évidentes à son encontre, par exemple, le fait par lui d'avoir vendu pour cent dinars ce qui en vaut mille : dans ce cas, il peut faire rescinder ses engagements, sans qu'il puisse être obligé de restituer les sommes qu'il a reçues et gaspillées ; [mais si elles ont tourné à son profit, il doit les rendre, d'après cette règle que nul ne peut s'enrichir aux dépens d'autrui].

3° Si son incapacité est notoire, il reste mineur, et par conséquent tous ses actes sont nuls; mais si au moment du contrat il était reconnu capable, le contrat serait maintenu.

4° Tous les auteurs sont d'accord sur ce fait qu'il est majeur, et que par conséquent ses actes sont valables [non-seulement du moment que *sa capacité est notoire*], mais encore du moment *qu'elle est ignorée* ou qu'on ne peut établir ni sa capacité ni son incapacité.

*Opinions diverses sur la majorité de la fille de condition
libre, en ce qui touche les biens et les actes de la vie
musulmane, d'après Ibn-Salamoune.*

La fille ne peut devenir capable qu'à l'âge de puberté
par le fait de la menstruation, et que dans les conditions
que nous allons indiquer :

La fille qui est sous la tutelle de son père est l'objet
de six opinions sur sa majorité :

1° Elle devient majeure de plein droit par le fait de
la menstruation, si son *aptitude* à administrer est notoire ou est même ignorée ; mais si son *inaptitude* est
notoire, elle reste en tutelle.

2° Elle ne devient majeure qu'après la consommation
du mariage et qu'autant que deux témoins *âdouls* ont
certifié sa capacité à bien administrer. Cependant la
déclaration de capacité par deux témoins, lorsqu'il y a
eu mariage non consommé, mais lorsqu'elle est à l'approche de le consommer, suffit pour la rendre majeure,
si ce n'est que Malek préfère qu'après cette déclaration
on retarde sa majorité d'une année environ, *sans que cela
soit obligatoire ;* — et alors, si sa majorité a été retardée
par une déclaration expresse, tout ce qui a été fait par
cette fille, avant l'expiration du délai fixé, est nul (si la
fille a intérêt à se faire restituer contre les actes qu'elle
a consentis).

3° Elle reste mineure tant qu'elle n'a pas atteint l'âge
tânis, — ou tant qu'elle n'a pas consommé le mariage
et que deux témoins n'ont par certifié sa capacité, comme il a été dit plus haut. — Si elle ne consomme le
mariage qu'après avoir atteint l'âge tânis, elle est présumée apte à administrer [*sans qu'il soit besoin de
l'attestation de deux témoins certifiant sa capacité,* car

8

elle était déjà majeure *de plein droit* par le fait seul d'avoir atteint l'âge tânis].

4° Elle reste mineure tant qu'il ne s'est pas écoulé une année depuis la consommation du mariage.

5° Elle reste mineure tant qu'il ne s'est pas écoulé deux ans depuis la consommation du mariage.

6° Elle reste mineure tant qu'il ne s'est pas écoulé sept ans depuis la consommation du mariage. Cette dernière opinion, appuyée de celle d'Ibn-el-K'asem, est admise dans la pratique, chez nous (en Espagne), dit Ibn-Salamoune.

L'âge *tânis* de la fille qui a son père est à quarante ans, d'après les uns ; à 50 et à 60, d'après les autres.

La fille qui est sous la tutelle testamentaire ou bien sous la tutelle d'un individu désigné par le cadi, quand même elle serait mariée, quand même elle aurait atteint l'âge tânis, quand même sa capacité serait notoire, ne devient majeure que par une déclaration de son tuteur et de deux témoins *adouls* certifiant son aptitude à bien administrer.

Quant à la fille qui n'a ni père, ni tuteur testamentaire, ni tuteur désigné par le cadi, et qui par conséquent se trouve sous la tutelle légale du cadi :

1° Elle devient majeure par le seul fait de la menstruation ;

2° Elle ne devient majeure qu'à l'âge tânis ;

3° Elle ne devient majeure qu'autant qu'elle a consommé le mariage et resté au domicile conjugal un délai suffisant pour faire présumer de sa capacité : une année d'après les uns, trois ans d'après les autres.

L'âge *tânis* de cette fille varie d'après les auteurs : les uns le fixent à trente ans ; les autres à moins de trente ; les autres enfin, à 40, 50 et 60 ans.

Tout ce que nous venons d'exposer sur la minorité et la majorité à l'égard des biens, se résume à dire qu'en cas de doute sur l'existence de la majorité, ou qu'en cas de mauvais vouloir d'un tuteur de la prononcer, il peut en être référé au cadi, qui est juge souverain en pareille matière, ainsi qu'on le verra chap. 4, section 3 : *Des attributions spéciales des cadis.*

§ 7

Du mariage

SOMMAIRE. — 1. Du mariage considéré comme un acte méritoire mais facultatif, ou comme un acte obligatoire, ou comme un acte simplement facultatif. Son but. — 2. A quel âge peut-on contracter mariage ? — 3. Quel nombre de femmes un musulman peut-il épouser ? De quelle condition et de quelle religion doivent-elles être ? — 4. Des concubines. — 5. La faculté accordée à l'homme d'épouser quatre femmes et de prendre des concubines est-elle commune à la femme ? — 6. De quelle condition et de quelle religion doit être l'homme qu'il soit permis à la femme d'épouser ? — 7. Quelle est la condition des enfants provenant du mariage, ou du concubinage légal, ou d'un commerce illicite quelconque ? — 8. Hors-d'œuvre sur l'esclavage dans la société musulmane. — 9. Du garçon impubère et par conséquent complétement mineur. Singulier cas de contrainte à son égard. — 10. Du garçon pubère, majeur à l'égard de sa personne et mineur à l'égard des biens. — 11. Du garçon complétement majeur. — 12. De la fille vierge ou non vierge, impubère ou pubère, complétement mineure, placée pour les biens sous la tutelle de son père ou d'un individu désigné par le père. De *l'idjbar* ou du droit de contrainte à son égard. — 13. De la fille vierge pubère qui a été déclarée majeure par son père. — 14. De la fille vierge impubère et par conséquent complétement mineure, qui est sans père ni tuteur testamentaire. — 15. De la fille vierge pubère, mineure ou majeure, qui est sans père ni tuteur testamentaire. — 16. De la fille mineure ou majeure, impubère ou pubère, qui n'est plus vierge. — 17. De *l'idjbar*, de *l'istimar* et de *l'istidane* à l'égard de la fille ou de la femme. — 18. Ce qui distingue l'istimar de l'istidane. — 19. De l'initiative de la fille ou de la femme pour contracter mariage. — 20. Des conditions essentielles du contrat de mariage. — 21. De la tutelle spéciale du contrat de mariage, en ce qui concerne la femme seulement, car l'homme n'y est pas soumis. — 22. Opinions diverses en matière de mariage, extraites du livre d'*Ibn-Salamoune.* — 23. Interdiction partielle de la femme en puissance de mari.

1. *Du mariage considéré comme un acte méritoire mais facultatif, ou comme un acte obligatoire, ou comme un acte simplement facultatif. Son but.*

« Le mariage, dit Ibn-Salamoune, est un acte méri-
« toire mais facultatif (1) d'après les jurisconsultes an-
« ciens les plus distingués. Les autres ou ceux qui s'atta-
« chent plutôt à la lettre qu'à l'esprit de la loi du Koran
« prétendent que le mariage est un acte obligatoire.
« Mais les auteurs modernes malékites l'envisagent
« ainsi : 1° Si par suite des défauts physiques dont il
« est atteint, ou par suite de vieillesse, l'homme est
« impropre à la copulation ou ne peut espérer de pos-
« térité, le mariage est pour lui un acte facultatif non
« méritoire ; 2° si l'homme se sent de l'aptitude pour la
« femme, mais peut observer la continence, ou bien s'il
« ne se sent pas d'aptitude pour la femme, mais peut
« cependant espérer de la postérité, le mariage est pour
« lui un acte méritoire mais facultatif ; 3° si l'homme
« craint de se livrer à la fornication, et s'il ne peut
« acheter une esclave pour vivre en concubinage légal
« avec elle, le mariage est obligatoire pour lui ; 4° en-
« fin, si l'homme, [apte à la procréation], n'a pas
« besoin du mariage, et s'il craint de ne pouvoir en
« remplir les charges imposées par Dieu, le mariage est
« pour lui *mekrouh* (toléré mais vu défavorablement). »

(1) Je dis *acte méritoire mais facultatif* parce qu'un acte peut être méritoire quoique *obligatoire* socialement. Ainsi, il est méritoire ou louable de se réduire à la plus profonde misère pour payer ses dettes, et cela est obligatoire devant les tribunaux ; — il est méritoire et obligatoire de mourir pour la défense de son pays. Mais si dans des circonstances purement privées, il est *méritoire* d'exposer sa vie pour sauver celle de son prochain, cela est *facultatif*.

Il résulte de cet exposé que le mariage a pour but principal la procréation et l'abolition du libertinage (1); mais il en résulte aussi qu'il a pour but secondaire l'union de deux êtres, pour s'entr'aider dans le passage de la vie, sans idée de commerce charnel, puisque l'individu atteint de défauts physiques, qui le rendent impropre à la copulation ou à la procréation, ou le vieillard impuissant peut s'unir à une femme qui consent à le prendre dans ces conditions. Toutefois si l'un des époux n'avait pas eu connaissance de ces défauts de son conjoint, il pourrait faire rescinder le mariage.

Tous les auteurs reconnaissent que les circonstances qui rendent le mariage facultatif ou obligatoire sont les mêmes pour l'homme et pour la femme, avec cette restriction que le concubinage légal n'est jamais permis à la femme de condition libre.

2. *A quel âge peut-on contracter mariage?*

L'homme et la femme, dans les conditions que nous indiquerons plus loin, ne peuvent contracter mariage qu'à l'âge de puberté, parce que le mariage a pour but principal la procréation et qu'elle n'est possible qu'à cet âge. Cependant le père peut contracter mariage pour son fils ou sa fille impubères, mais les époux ne doivent être mis en relations conjugales qu'après la manifestation chez eux de la puberté. Le tuteur testamentaire a le même droit, pour ses pupilles, garçons ou filles.

---

(1) Je dis *l'abolition du libertinage* notamment au point vue de la polygamie, parce qu'avant Mahomet, les Arabes pouvaient épouser autant de femmes qu'ils pouvaient en entretenir, et les renvoyer à volonté. Or, en restreignant à quatre le nombre de femmes qu'un musulman peut épouser, Mahomet a voulu saper la polygamie.

3. *Quel nombre de femmes un musulman peut-il épouser ? De quelle condition et de quelle religion doivent-elles être ?*

D'après les explications que j'ai données dans mon livre : *Initiation à la science du droit musulman*, p. 68, le verset 3, chapitre 4 du Koran, sur le mariage, peut se traduire ainsi :

Si vous craignez de ne pas être équitables envers plusieurs femmes, depuis deux jusqu'à quatre inclusivement, soit parce que vous favoriseriez l'une au préjudice de l'autre ou des autres, soit parce que vous ne pourriez donner à chacune les soins qu'elle réclame, **n'en épousez qu'une.**

Le musulman a donc la faculté d'épouser jusqu'à quatre femmes à la fois, mais c'est à la condition qu'il devra être sûr à l'avance de ne pas en favoriser une au préjudice de l'autre, et de pouvoir donner à chacune d'elles les soins qu'elle réclame, *sinon, il ne lui est permis que d'en épouser une.*

En cet état, la question est de savoir si la faculté d'épouser jusqu'à quatre femmes à la fois, est tellement personnelle à l'individu qu'elle ne puisse être appréciée par le magistrat ?

Sa solution, dans le sens que cette faculté peut être appréciée par le magistrat, ne me paraît pas douteuse. En effet, la femme a le droit, par son contrat de mariage, *d'imposer la monogamie à son mari.* Or, ce droit, du moment qu'il est reconnu à la femme, appartient *a fortiori* au magistrat, ou au Chef de l'Etat, dont le magistrat n'est que le représentant.

C'est ainsi qu'elle a été résolue par *Abou-Hanifa*, auteur de la secte hanéfite, dans sa réponse à *Abou-Djâfer-el-Mensour*, deuxième roi des Abbasides : interpellé par ce roi sur le nombre de femmes qu'un musulman peut épouser, Abou-Hanifa répondit : *quatre*. Aussitôt le roi, se tournant du côté de sa femme qui était cachée derrière un rideau, lui dit : *tu viens d'entendre*. Mais Abou-Hanifa reprit de suite : *une*. Pourquoi ? lui dit le roi. Sire, parce que vos paroles à votre auguste épouse m'ont suffisamment fait comprendre que vous ne seriez pas juste à son égard ; c'est pour cela que je décide maintenant que vous devez vous en tenir à elle (1).

Il est de régle que le musulman libre ne doit épouser qu'une femme ou que des femmes de condition libre. Mais s'il n'a pas de quoi payer la dot d'une femme libre, il peut épouser une esclave ; et si la femme esclave qu'il veut épouser lui appartenait, *il devrait l'affranchir avant le mariage*.

La femme du musulman ne peut être que de la religion ou *musulmane*, ou *juive*, ou *chrétienne*. Toute femme d'une autre religion lui est défendue.

4. *Des concubines.*

Outre le nombre de quatre épouses qu'il soit permis au musulman de posséder en même temps, il peut avoir autant de concubines qu'il peut en entretenir, quelle que soit leur religion.

Toutefois la femme qu'il épouse peut, par son con-

---

(1) Cette anecdote m'a été citée par Sid-Dahou-bel-Bedoui, mufti actuel de Mascara, comme se trouvant dans un livre dont l'auteur s'appelle *H'ouraïfichi*, section 29, où il est question d'explications koraniques. C'est donc par erreur que dans mon livre : *Initiation à la Science du droit musulman*, je l'avais attribuée à l'imam Malek.

trat de mariage, le priver de la faculté d'avoir une ou plusieurs concubines. (*Voir le n° 9 ci-après.*)

Le concubinage n'est permis qu'avec les femmes esclaves non mariées *dont la propriété est légalement établie.*

5. *La faculté accordée à l'homme d'épouser quatre femmes et de prendre des concubines est-elle commune à la femme ?*

Non. La femme ne peut posséder qu'un mari et ne peut avoir de concubin.

6. *De quelle condition et de quelle religion doit être l'homme qu'il soit permis à la femme d'épouser ?*

La femme libre peut épouser un homme libre ou esclave, mais il doit être de la religion musulmane. Si l'esclave qu'elle veut épouser lui appartenait, elle devrait l'affranchir avant le mariage.

La femme esclave peut épouser un homme libre, ainsi que nous l'avons vu sous le n° 3.

Il va sans dire que le mariage entre esclaves est permis, avec l'assentiment des maîtres. — Si un esclave, homme ou femme, se marie à une personne libre, le consentement du maître est également indispensable.

7. *Quelle est la condition des enfants provenant du mariage, ou du concubinage légal, ou d'un commerce illicite quelconque ?*

Une tradition du Prophète, qui a force de loi, porte :
« *El-oualed tabi'doune li-ommihi firrek'k'i oua el-*
« *h'ourriyati oua li-abihi fiddini oua ennasabi.* »

Ce qui signifie que l'enfant [garçon ou fille] suit la

condition de sa mère, dans l'esclavage ou la liberté ; et la condition de son père, pour la religion et la parenté.

En conséquence, d'après cette tradition, — qui ne s'applique qu'au *mariage* et non au concubinage légal, — si la mère est esclave, son enfant l'est également et appartient au maître de sa mère, *quand même le père serait de condition libre ;* — si la mère est libre, son enfant l'est également, *quand même le père serait esclave.* Et dans tous les cas, l'enfant est musulman comme son père, quand même la mère serait juive ou chrétienne ; *il porte le nom du père* et fait partie de sa parenté, selon qu'elle est d'origine libre, noble ou esclave.

De ce que l'enfant porte le nom de son père et fait partie de sa parenté, il ne s'ensuit pas que cet enfant hérite toujours de son père ; car si l'enfant est esclave, de par sa mère, il ne peut hériter de son père libre. Mais si l'enfant est libre, de par sa mère, il hérite de cette dernière, quoiqu'il ne puisse hériter de son père esclave. En un mot, l'esclave ne peut rien recueillir par succession ; il ne peut également rien transmettre, parce qu'il appartient, corps et biens, à son maître.

L'enfant né pendant le mariage a pour père le mari, mais c'est à la condition qu'il n'est pas né avant six mois lunaires moins six jours, *à partir de la consommation du mariage,* délai le plus court de la gestation. L'enfant qui vient au monde avant l'expiration de ce délai ne peut naître viable, disent les docteurs musulmans, parce qu'il y a pour lui *manque de terme ('âdem el-is-tih-lal).* Il est donc censé n'avoir jamais existé dans le ventre de sa mère, et la doctrine ne lui reconnaît pas de filiation. — S'il naît viable avant l'expiration du délai le plus court de la gestation, à partir de la consommation du mariage, *la présomption légale* est qu'il a été conçu en dehors du mariage ; en conséquence, la loi ne lui reconnaît pas non plus de filiation ; il est réputé enfant naturel, si la mère n'avait pas déjà été mariée, et comme tel il n'hérite pas même de sa mère. Mais si la mère avait déjà été mariée, et qu'il ne se fut pas écoulé plus de quatre ou cinq ans, depuis la dissolution de son mariage, délai le plus long de la gestation, l'enfant *pourrait* être imputé au précédent mari.

L'enfant né pendant le mariage a pour père le mari, mais c'est encore à la condition qu'il n'aura pas été désavoué par le mari, pour cause d'adultère, dans les cas prévus par la doctrine. (Voir Perron, t. 3, p. 45 et suivantes.)

L'enfant provenant du concubinage légal d'un homme libre avec une femme esclave, suit la condition de son père, *c'est-à-dire que cet enfant est libre et qu'il hérite de son père.*

La concubine esclave devient libre *de plein droit,* par le fait de la maternité provenant *de son maître libre,* mais ne le devient réellement qu'après la mort de son maître. Seulement, la liberté de cette concubine est soumise aux règles sur les testaments, et n'a lieu qu'autant que sa valeur ne dépasse pas le tiers de biens de la succession du maître, après prélèvement des dettes. Ainsi, supposons que cette concubine, — qui prend alors le nom *d'omm oualed* (mère de l'enfant du maître), — ait une valeur de cent dinars ? Si les autres biens du maître, après prélèvement des dettes, ont une valeur de 200 dinars, elle est affranchie totalement, parce que la valeur de la femme esclave ne dépasse pas cent dinars ou le tiers de la succession du maître. Si, au contraire, les autres biens du maître, après prélèvement des dettes, n'ont qu'une valeur de cinquante dinars, cette même esclave, dont la valeur est de cent dinars,

n'est affranchie que pour moitié, car le tiers disponible
de la succession, *dans laquelle on comprend la valeur
de l'esclave,* n'est alors que de cinquante dinars ou de
la moitié de la valeur de la concubine.

On voit, par ce qui précède, qu'il y a de l'injustice à
considérer *comme esclave* l'enfant provenant du mariage
d'un homme libre avec une femme esclave, lorsque l'on
considère *comme libre* l'enfant provenant du concubinage légal d'un homme libre avec une femme esclave.
On répond a cela que le but de la doctrine a été de ne
pas favoriser les mariages avec les femmes esclaves, au
détriment des femmes libres.

L'enfant provenant d'un commerce illicite entre personnes libres ou esclaves n'a pas de *parenté ;* en conséquence, il n'hérite ni de son père, ni de sa mère. — Si
cet enfant provient de personnes libres, il est, comme
l'orphelin ou l'enfant trouvé, sous la tutelle du cadi, et
à la charge de l'Etat, tant qu'il est impubère, dans le cas
ou personne ne s'est chargé de lui. — Si cet enfant provient d'une femme esclave, il appartient au maître de la
femme, par droit d'accession.

Mais l'enfant provenant d'un commerce illicite peut
être assimilé à un enfant légitime et avoir le même droit
que lui, sur les successions de ses père et mère.

En effet, d'après Ibn-Salamoune, chap. *el-r'asb,* de
la contrainte, de la spoliation :

« L'homme de condition libre, qui, *sciemment,* a eu
« un commerce illicite avec l'esclave d'autrui, subit la
« flagellation, et paye le prix de la dépréciation de cette
« esclave à son maître. Si par suite l'esclave devient
« mère, l'enfant suit la condition de sa mère, [et appar-
« tient au maître de cette dernière], car cet enfant ne
« saurait avoir de filiation légale.

« Mais si le même individu, de condition libre, a agi
« *non sciemment,* [c'est-à-dire de bonne foi, par erreur
« de ressemblance *(chobouha),* croyant avoir affaire avec
« sa propre esclave ou avec sa femme], l'enfant lui
« appartient [comme légitime] et cet individu doit payer
« au maître de la femme esclave le prix de l'enfant
« dont le maître est privé, dans le cas où cet enfant
« naîtrait viable, [parce qu'alors l'enfant est de condition
« libre comme son père, et appartient au père]...... Et
« la femme esclave peut être laissée pour compte à
« celui qui, de bonne foi, l'a rendue mère. »

De ces divers passages il résulte, soit positivement
soit par induction, que la doctrine reconnaît, comme
père ou mère légitime de l'enfant, celui qui l'a engendré
ou celle qui l'a conçu de bonne foi : *l'homme croyant
avoir affaire avec sa femme ou avec sa concubine ; la
femme croyant avoir affaire avec son mari;* et que si
la bonne foi n'a existé que d'un côté, l'enfant n'est légitime qu'à l'égard de l'individu qui a été de bonne foi.

En pareil cas, la bonne foi résulte du serment, et est
en outre soumise à l'appréciation du magistrat.

Nous trouvons quelque chose d'analogue à ce que
nous venons de dire, dans les articles 201 et 202 du
code civil.

8. *Hors-d'œuvre sur l'esclavage dans la société*
musulmane.

Si l'on considère qu'en droit musulman l'esclave ne
peut être maltraité par son maître ;

Qu'en cas de mauvais traitements, il peut être vendu
à un maître plus humain, ou même être affranchi ;

Que la femme esclave qui devient mère des œuvres

de son maître, est affranchie de plein droit par le fait
de la maternité, et réellement après la mort de son
maître, et que son enfant est de condition libre ;

Que l'homme libre peut épouser une femme esclave,
et que la femme libre peut épouser un homme esclave ;

Que de nombreuses prescriptions koraniques font de
l'affranchissement un devoir social positif ;

Que de plus nombreuses en font un devoir moral ;

On en conclura

Que l'esclavage, chez les musulmans, est plus humain
que l'esclavage ancien, et que Mahomet a substitué
à l'esclavage barbare *l'esclavage du patriarcat*, pour
arriver à l'affranchissement sans secousses violentes,
par les bienfaits seuls de l'humanité.

9. *Du garçon impubère et par conséquent complètement
mineur. Singulier cas de contrainte à son égard.*

Le mariage contracté par le garçon impubère, sans
l'autorisation de son tuteur, est nul, *avant* comme *après*
la consommation du mariage.

Le tuteur de ce garçon *(seulement le père ou le
tuteur testamentaire)* a le droit de le marier sans sa
permission. Mais à l'âge de puberté, c'est-à-dire lorsqu'il est devenu maître de sa personne et qu'il peut entrer en relations conjugales, le garçon ainsi marié peut
opter pour le maintien ou l'annulation du contrat, tant
qu'il ne l'a pas accepté ou ne l'a pas consommé. Toutefois si la femme vierge ou non, renonçait aux *chourouth*
ou aux conditions matrimoniales, *indépendantes de la
dot*, spécialement établies en sa faveur, avant que le
garçon, dûment mis en demeure, eût exercé l'option, le

mariage deviendrait obligatoire pour lui, *par la seule volonté de la femme.*

Les *chorouth* ou les conditions admises par la doctrine au profit de la femme, dans les contrats de mariage, sont les suivantes :

1° Que le mari ne pourra lui donner de rivale ;

2° Qu'il ne pourra prendre une concubine ;

3° Qu'il ne pourra l'astreindre aux travaux ordinaires du ménage, et qu'il devra lui fournir une domestique ;

4° Qu'il ne pourra s'absenter plusieurs jours du domicile conjugal, sans sa permission ;

5° Qu'il devra s'abstenir de services et d'injures à l'égard de sa femme, et ne commettre rien de préjudiciable à ses biens ;

6° Qu'il ne pourra la déplacer sans son autorisation ;

7° Enfin qu'il ne l'empêchera pas de recevoir ses proches parents, ni de leur rendre visite.

L'inexécution de ces conditions entraîne au profit de la femme, sur sa demande, la dissolution du mariage, par voie de répudiation.

Si malgré la loi du contrat, le mari a donné une rivale à sa femme ou pris une concubine, la femme, dans le cas où elle ne veut pas recourir à la dissolution du mariage, a le droit de faire prononcer la répudiation de sa rivale par le magistrat, ou de faire affranchir la concubine, ce qui met alors le mari dans la nécessité de renvoyer l'esclave devenue libre, parce qu'après son affranchissement, le concubinage n'est plus permis avec elle, de la part de qui que ce soit.

Que l'on trouve un pays dans le monde entier, en Amérique, en France ou ailleurs, où la femme ait de pareilles libertés !

Et maintenant que les publicistes de salons, ces compilateurs que j'ai déjà décrits, viennent affirmer que, d'après la loi musulmane, *le mariage est une vente par laquelle la femme est assimilée à un animal, à une chose !*

10. *Du garçon pubère, majeur à l'égard de sa personne, et mineur à l'égard des biens.*

Ce garçon ne peut contracter mariage sans l'autorisation de son tuteur, *parce que le mariage est un contrat mixte*, qui tient tout à la fois du gouvernement de la personne et de l'administration des biens : *du gouvernement de la personne*, en ce que les époux se la donnent l'un à l'autre, et que pour la donner, il faut en avoir la disposition ; — *de l'administration des biens*, en ce que l'homme doit, à peine de nullité, stipuler un don nuptial au profit de la femme, et que pour *stipuler et accepter* valablement ce don, il faut que les époux aient la libre disposition de leurs biens. Or, le garçon pubère peut disposer de sa personne, mais s'il est encore mineur pour les biens, il n'a pas la capacité voulue pour stipuler une dot au profit de la femme.

Toutefois si le garçon pubère, quoique mineur pour les biens, a consommé le mariage par lui contracté sans l'autorisation de son tuteur et cohabité ostensiblement avec sa femme, pendant un certain laps de temps, le silence du tuteur équivaut à une ratification, qui ne lui permet plus de faire annuler le mariage.

Le tuteur des biens de ce garçon, mais seulement le père ou le tuteur testamentaire, peut le marier sans sa permission, d'après les uns, et ne le peut sans sa permission, d'après les autres.

Les partisans de la première opinion assimilent ce

garçon pubère au garçon impubère dont il a été question
plus haut, c'est-à-dire que du moment où il a eu connaissance du contrat, il peut opter pour son maintien
ou son annulation, et que si, avant l'exercice de l'option,
la femme, vierge ou non, renonce aux conditions sti-
pulées en sa faveur, le mariage devient obligatoire pour
le garçon, par la seule volonté de la femme.

11. *Du garçon complètement majeur.*

Ce garçon peut contracter mariage sans l'autorisation
de ses parents et sans leur faire d'actes respectueux.

12. *De la* fille *vierge ou non vierge, impubère ou pubère,*
complètement mineure, *placée pour les biens
sous la tutelle du père ou d'un individu désigné par
le père. De* **l'idjbar** *ou du droit de contrainte à
son égard.*

Cette fille ne peut être mariée qu'avec l'autorisation et
que par l'intermédiaire de son tuteur des biens.

Il y a plus, c'est que dans les cas prévus par la doctrine
et que nous allons indiquer, elle peut être contrainte au
mariage par l'un de ses tuteurs : *père ou délégué du père,*
et non par d'autres.

Mais si le droit de contrainte n'est pas exercé, elle ne
peut être mariée *que de son consentement tacite ou
exprès*, ainsi que nous le verrons plus loin.

D'après Ibn-Salamoune :

« La fille *sar'ira* ou impubère, *prise d'une manière
« absolue (mouthlak'ane)*, [c'est-à-dire sans distinction
« entre celle qui est vierge et celle qui ne l'est plus],
« peut être contrainte au mariage par son père [ou par

« le tuteur testamentaire désigné par le père, quel que
« soit son âge (fût-elle même encore dans le ventre de
« sa mère); mais elle ne doit être mise en relations
« conjugales qu'à la puberté].

« La fille vierge pubère *(bikr balir')* peut également
« être contrainte au mariage par les mêmes personnes;
« mais il est louable, [quoique non obligatoire], d'obte-
« nir son consentement [au moyen de l'*istimar*]. (*Voir*
« *p.* 131, 133 *et* 134.)

« La fille pubère dite *tsiyeb bi 'âridh* ou celle qui est
« vierge de tout contact charnel, mais dont l'hymen ou
« le caractère de la virginité a été détruit par accident
« (un effort, une chûte, etc.), est assimilée à la fille
« vierge, [c'est-à-dire qu'elle peut être contrainte au
« mariage].

« La fille pubère dite *tsiyeb bi-h'aram* ou celle qui a
« perdu sa virginité par suite de commerce illicite,
« peut être contrainte au mariage, suivant les uns, et
« ne peut y être contrainte, suivant les autres.

« La fille pubère dite *tsiyeb bi-nikah' fasid* ou celle
« qui a perdu sa virginité à la suite d'un mariage dé-
« claré nul, est assimilée à la fille dite *tsiyeb bi-nikah'*
« *sah'îh'* ou à celle qui a perdu sa virginité à la suite
« d'un mariage valable, [c'est-à-dire que l'une et l'autre
« ne peuvent plus être contraintes au mariage].

« La vieille fille vierge ou celle qui a atteint l'âge
« *tânis* peut être contrainte au mariage, d'après les
« uns, et ne peut y être contrainte, d'après les autres.

« La fille qui a été mariée, puis répudiée *après la*
« *cohabitation (b'âd eddokhoul)* mais avant la copulation
« *(k'ebla mesis)*, [et qui par conséquent est encore
« vierge], peut être contrainte au mariage, d'après les
« uns, et ne peut y être contrainte, d'après les autres.

9

« Quant à la fille *impubère* qui a perdu sa virginité à
« la suite de mariage (1), et qui n'est devenue pubère
« qu'après la répudiation [ou qu'après la mort de son
« mari], elle peut être contrainte au mariage, d'après
« les uns, et ne peut y être contrainte, d'après les
« autres. »

13. *De la fille vierge pubère qui a été déclarée majeure
par son père.*

La majorité de cette fille, tant pour sa personne que
pour ses biens, n'a d'effet *qu'après la mort du père;*
mais en l'état, elle l'affranchit du droit de contrainte au
mariage, c'est-à-dire qu'elle ne peut plus être mariée
que de son consentement par *istimar.*

Cependant *avant la mort du père,* la déclaration de
majorité reçoit sa pleine et entière exécution, *par le fait
de la consommation du mariage;* et alors, cette fille ne
peut plus être *remariée* que de son consentement *formel*
et non par *istimar.*

14. *De la fille vierge impubère et par conséquent complètement mineure, qui est sans père ni tuteur testamentaire.*

Cette fille n'est pas soumise au droit de contrainte.
Elle ne peut être mariée qu'à l'âge de puberté, que de son
consentement à la suite d'istimar, et que par l'intermédiaire du tuteur spécial du contrat de mariage, *dont il
est question p.* 138 *et suivantes,* avec l'assistance ou l'autorisation de son tuteur des biens (le cadi ou le délégué
du cadi).

---

(1) Quoi qu'il soit de règle que les époux ne puissent entrer en relations conjugales qu'à l'âge de puberté, il n'est pas rare de voir des Arabes cohabiter avec
leurs femmes impubères.

15. *De la fille vierge pubère, mineure ou majeure, qui est sans père ni tuteur testamentaire.*

Cette fille ne peut être mariée que de son consentement à la suite d'*istimar* et que par l'intermédiaire du tuteur spécial du contrat de mariage *(avec l'assistance ou l'autorisation en outre de son tuteur des biens, si elle est mineure)*, d'après cette tradition du Prophète, *qui s'applique à toutes les filles vierges, quels que soient leurs tuteurs :*

« *La fille vierge* [*pubère*] *est mise en demeure de* « *donner son consentement. Quant à la fille qui n'est* « *plus vierge, elle doit s'exprimer clairement.* »

Les jurisconsultes ont interprété cette tradition ainsi : du moment que c'est la fille qui n'est plus vierge qui doit s'exprimer clairement *ou en paroles,* il en résulte que la fille vierge n'est pas tenue de s'exprimer et que son consentement peut être *tacite.*

Partant de là, ils ont admis que le silence de la fille vierge, ou son rire ou ses pleurs, seraient un signe d'acceptation, *dans le cas où elle ne voudrait pas s'énoncer clairement.*

Mais il faut pour cela que lors de la proposition que lui soumet son tuteur spécial du contrat de mariage, en présence de deux témoins, il lui tienne ce langage : « Je « veux te marier à un tel ; il te fait tels avantages ; si « tu ne dis ni *oui* ni *non,* ton silence équivaudra à un « consentement. »

On voit que la manière de poser la question est une *quasi-contrainte* au mariage, et que si la tradition, — au lieu de : « *La fille vierge pubère est mise en demeure de donner son consentement* », ou bien au lieu de : *La*

fille vierge pubère recevra l'ordre de se marier », —
semble dire, d'après le texte arabe, *que cette fille sera
consultée*, c'est afin que le tuteur adoucisse par des paroles affectueuses ce que *sa volonté* peut avoir de rigoureux pour la fille, et amène ainsi cette dernière à *s'y*
conformer ; car le sens caché est *que la fille vierge recevra l'ordre de se marier.*

Mahomet a voulu parler de la *fille vierge pubère*, apte à
entrer en relations conjugales, afin qu'elle ne restât exposée à perdre sa vertu. Mais il est admis que la fille
vierge impubère, lorsqu'elle a assez de raison et d'as-
surance pour s'exprimer, peut être mariée dans les
mêmes conditions, *par ceux seulement qui ont le droit
de contrainte à son égard*, sauf à retarder ses relations
conjugales jusqu'à la puberté.

Si la tradition dont nous venons de parler constitue
une *quasi-contrainte* à l'égard de la fille, elle exclut à
son encontre la contrainte proprement dite ou le droit
d'*idjbar*, droit créé par la doctrine, *pour faciliter les
mariages de convenance.*

Inutile d'ajouter que si la fille vierge *dont nous nous
occupons ici* rompt le silence pour dire : *non*, elle ne
peut être mariée contre sa volonté ou par droit de contrainte.

16. *De la fille mineure ou majeure, impubère ou pubère,
qui n'est plus vierge.*

Cette fille, — sauf ce qui a été dit sous le n° 12, pour
la fille qui, *quoique non vierge*, reste soumise au droit
de contrainte, — ne peut être mariée que de son consentement *exprès* et non tacite. La demande de ce
consentement s'appelle *istidane*, et le consentement, —

qu'elle est libre de donner ou de ne pas donner, — s'appelle *idne* ou *ridha*.

Si cette fille est *impubère*, le consentement ne peut lui être demandé qu'à l'âge de puberté.

Si elle est *pubère* mais mineure sous le rapport de la personne et des biens, ce consentement ne peut lui être demandé que par son tuteur des biens : le père ou le tuteur testamentaire seulement, — et à leur défaut, par le tuteur spécial du contrat de mariage.

Si elle est majeure sous le rapport de la personne et mineure sous le rapport des biens, le consentement ne peut lui être également demandé que par les mêmes personnes.

Si elle est complétement majeure, le consentement ne peut lui être demandé *que par le tuteur spécial du contrat de mariage*.

17. *De l'idjbar, de l'istimar et de l'istidane à l'égard de la fille ou de la femme.*

On voit, par ce qui précède,

Que l'*idjbar* est un droit de contrainte au mariage, spécialement attribué au père ou au tuteur testamentaire d'une fille qui se trouve dans l'un des cas indiqués sous le n° 12 ; (1)

Que l'*istimar* est un droit de quasi-contrainte au mariage *d'une fille vierge*, accordé par la tradition au tuteur qui possède l'idjbar et qui ne veut pas en user, et à son défaut, au tuteur spécial du contrat de mariage ;

Et que l'*istidane* est le droit accordé au tuteur d'une *fille qui n'est plus vierge*, — qu'elle soit mineure ou ma-

---

(1) Ce droit est également attribué au maître sur son esclave, *homme ou femme*.

jeure, — de lui demander son consentement pour la
marier, ainsi que nous l'avons vu sous le n° 16.

18. *Ce qui distingue l'istimar de l'istidane.*

Il y a cette différence entre l'istimar et l'istidane que
l'istimar s'adresse *à la fille vierge* pubère, mineure ou
majeure, dont le consentement résulte suffisamment, ou
de son *silence*, ou de son *rire*, ou de ses *pleurs*, d'après
cette présomption que par pudeur ou timidité elle n'o-
sera pas s'exprimer formellement; tandis que *l'istidane*,
— par ce fait qu'il s'adresse à une fille pubère, mineure
ou majeure, *qui n'est plus vierge*, qui connaît l'homme
et qui n'a plus de motifs de pudeur ou de timidité pour
garder le silence, — réclame un consentement *exprès*,
d'après cette présomption que le silence de la fille
serait un refus.

L'istimar est de deux sortes : *mousthabb* (louable mais
facultatif) et *ouadjib* (obligatoire). Le premier s'emploie
par les personnes *qui ont le droit de contrainte et qui
ne veulent pas user de ce droit.* Le second est employé
par les tuteurs autres que ceux qui ont le droit de contrainte, et il est *obligatoire*, à peine de nullité du contrat de mariage.

19. *De l'initiative de la fille ou de la femme pour contracter mariage.*

Jusqu'ici nous n'avons examiné le mariage d'une fille
ou d'une femme que sous le rapport de la contrainte,
ou que sous le rapport de la proposition qui lui était
soumise par son tuteur.

Mais si la fille ou la femme demande à se marier, il
faut distinguer :

1° La fille ou la femme mineure ne peut se marier sans le consentement de son tuteur des biens, parce que le mariage, ainsi que nous l'avons vu, est un contrat mixte, qui tient du gouvernement de la personne et de l'administration des biens, et qui nécessite par conséquent l'approbation de ce tuteur. — *L'intervention* du tuteur spécial du contrat de mariage *est en outre toujours obligatoire*, car lui seul a le droit de contracter au nom et comme mandataire légal de la fille ou de la femme. d'après les pouvoirs qu'elle lui a donnés. — En cas de refus par le tuteur des biens de donner son approbation, et en cas de refus par le tuteur spécial du contrat de remplir son mandat, la fille ou la femme peut en référer au cadi, qui est juge souverain en pareille matière. Mais si elle est placée sous la tutelle de son père. ou d'un individu désigné par le père, elle est par ce fait *sous le coup de la puissance paternelle*, à laquelle le cadi ne saurait porter atteinte que pour des causes graves et dûment justifiées.

2° La fille ou la femme majeure est libre de se marier, mais elle n'en reste pas moins à perpétuité sous la tutelle du contrat de mariage, en ce sens qu'elle ne peut se marier ou se remarier *que par l'intermédiaire du tuteur spécial dont il est question p. 138 et suivantes.* tuteur qui remplit le rôle de mandataire. en exhibant les pouvoirs de la fille ou de la femme. Par conséquent. si ce tuteur ne voulait pas remplir son mandat. la fille ou la femme pourrait s'adresser à un des autres tuteurs du contrat de mariage ou en référer au cadi.

3° La fille n'a l'initiative du mariage qu'à l'âge de puberté.

20. *Des conditions essentielles du contrat de mariage.*

Ces conditions consistent :

1° Dans le consentement *exprès ou tacite* de la fille
vierge, ou dans le consentement *exprès* de la fille
qui n'est plus vierge (1), donné par elle, en présence de
deux témoins *'âdouls*, à son *ouali* ou tuteur spécial du
contrat de mariage, de la marier à un tel. Cet ouali
peut seul contracter au nom de la fille, quand même
elle assisterait au contrat et y donnerait son adhésion.
Mais si la fille est soumise au droit de contrainte *et si
ce droit est exercé*, il suffit du consentement de celui
qui possède ce droit.

2° Dans la déclaration par le futur aux deux témoins
'âdouls, qu'il accepte pour épouse une telle.

3° Dans la stipulation par le futur au profit de sa
future, en présence des deux témoins, d'un don nuptial
de tant. Le minimum de ce don est d'un quart de dinar
d'or ou de trois dirhems d'argent ; le maximum n'a
pas de limite. — Si les époux sont mineurs, la stipulation de ce don et son acceptation ne peuvent avoir lieu
que par l'intermédiaire de leurs tuteurs des biens.

4° Enfin, dans l'emploi d'une expression qui indique
de la part du représentant de la future et de la part
du futur, l'engagement d'une union à vie, comme :
« *je t'accorde pour épouse une telle ; j'accepte.* », et ce,
afin de repousser l'idée *du mariage temporaire* admis
chez les chites ou les hérétiques. La formule d'engagement repousse suffisamment l'idée du mariage temporaire lorsqu'elle énonce que la fille est accordée *à titre*

_____

(1) Quoique je n'emploie ici que le mot *fille*, je veux également parler *de la*
femme.

d'épouse. Mais l'engagement d'une union à vie ne saurait priver les époux du droit de dissolution du contrat, par voie de répudiation ou de divorce, dans les cas prévus par la loi ou la doctrine.

Ces conditions n'ont pas besoin d'être remplies simultanément; il suffit qu'elles l'aient été à des intervalles différents et avant la consommation du mariage, pour que l'union soit valable.

Rien, dans la loi et la jurisprudence, n'impose l'obligation de rédiger par écrit le contrat de mariage, car son existence peut être prouvée par témoins.

Il ne faut pas confondre ces conditions essentielles dites *arkane* (colonnes, pilastres) avec les conditions secondaires dites *chourouth*, qui sont purement facultatives, mais qui une fois établies tiennent lieu de loi aux parties. Nous avons vu sous le n° 9 quelles sont ces conditions secondaires au profit de la fille. Pour l'homme, elle consistent à lui attribuer la jouissance gratuite, pendant le mariage, des biens meubles ou immeubles de la femme.

Les époux, dit Ibn-Salamoune, ne peuvent stipuler, par exemple, — qu'il n'y aura pas de droit succession entr'eux ; — que la femme aura seule le droit de répudiation ; — qu'elle n'aura pas droit à des alimens. De pareilles conventions sont nulles et annulent le mariage. *(Voir notre article 1389 du code civil.)*

La publicité du mariage est *mousthabb (* louable mais facultative) ; elle est recommandée par Mahomet, dans cette tradition :

« Publiez le mariage, — en le célébrant, au son du
« tambourin, par des éloges, des divertissements, et un
« repas. »

21. *De la tutelle spéciale du contrat de mariage, en ce qui concerne la femme seulement, car l'homme n'y est pas soumis.* (1)

La fille et la femme sont soumises perpétuellement à une tutelle spéciale, — *indépendante de celle du gouvernement de la personne et de celle de l'administration des biens,* — dite tutelle du contrat de mariage ou *ouilaya ennikah'*, en ce sens qu'elles ne peuvent contracter mariage, — quand même elles assisteraient au contrat pour y donner leur adhésion, — que par l'intermédiaire d'un tuteur ad hoc dit *ouâli ennikah,* dont le *consentement n'est obligatoire qu'autant qu'il a et exerce le droit de contrainte,* parce qu'alors son consentement remplace celui de la fille ou de la femme. Mais dans toute autre circonstance, ce tuteur *n'est qu'un mandataire légal dont le rôle consiste à produire le consentement que la fille ou la femme lui a donné de la marier.*

En effet, si l'on consulte les formules d'actes d'*Ibn-Salamoune,* on voit:

1° Que s'il s'agit d'une fille vierge *soumise au droit de contrainte,* mais à l'égard de laquelle son père ne veut pas user de ce droit, il la marie après l'*istimar elmousth'abb,* c'est-à-dire après avoir demandé et obtenu *son consentement* tacite ou exprès, ce qui pour lui *était facultatif,* puisqu'il pouvait s'en passer par droit de contrainte. (2)

(1) Je reviens sur la promesse que je m'étais faite, p. 11 de cette critique, de ne pas exposer la théorie de cette tutelle, pour m'éviter cette objection des savants: *nous la connaissions bien!* Mais je leur réponds à l'avance: *Vous ne la connaissiez pas!*

(2) De ce que le tuteur qui possède l'*idjbar* peut y renoncer pour recourir à l'*istimar,* il ne s'ensuit pas qu'il puisse renoncer à l'istimar pour employer l'isti-

2° Que s'il s'agit d'une fille vierge *qui n'est plus sou-mise au droit de contrainte*, son tuteur la marie après l'*istimar el-ouadjib*, c'est-à-dire après avoir demandé et obtenu *son consentement* exprès ou tacite, ce qui pour ui *était obligatoire*.

3° Que s'il s'agit d'une fille mineure ou majeure, qui n'est plus vierge, son tuteur la marie (ou la remarie) après avoir obtenu *son consentement exprès* ou par *istidane*.

Donc, dans toutes ces hypothèses, le tuteur n'agit qu'après avoir obtenu le consentement exprès ou tacite de la fille. Dès lors, il ne peut être considéré que com-me un mandataire légal, ayant le pouvoir de contracter pour sa mandante.

Toutefois, il faut remarquer que si la fille est mineure, le consentement personnel du tuteur des biens est indis-pensable *pour l'acceptation et la réception de la dot*, et qu'à défaut de ce consentement le mariage ne serait pas valable. Par conséquent, si le tuteur spécial du contrat de mariage *ne fait pas partie de ceux qui ont la tutelle des biens*, il s'ensuit que l'assistance de deux tuteurs est indispensable au contrat.

Toutefois, la ratification, *par le tuteur des biens*, du contrat de mariage auquel il n'a pas donné son adhésion, suffit pour le rendre valable.

Les tuteurs ou *les oualis* du contrat de mariage, d'après *Ibn-Salamoune* et les autres auteurs, sont, dans l'ordre suivant, les individus du sexe masculin ci-après

dane. En effet, la fille vierge, par timidité ou par pudeur, n'ose pas ordinairement s'exprimer en *termes formels*, et c'eût été la condamner à passer sa jeunesse dans le célibat. Or Mahomet n'a pas voulu cela ; car le sens de sa tradition est celui-ci : « Mariez vos filles vierges, aussitôt qu'elles seront pubères ; et si elles ne veulent pas parler, leur silence tiendra lieu de consentement. »

indiqués, le plus proche excluant le plus éloigné :

1° *Le maître ;*

2° *Le fils, à l'infini ;*

3° *Le père : des auteurs placent le père avant le fils ;*

4° *Le frère ;*

5° *Le fils du frère ;*

6° *L'aïeul paternel : des auteurs placent l'aïeul pater-*
nel avant le frère, et par conséquent avant le fils du
frère ;

7° *Enfin, les héritiers universels ('áçaba), d'après leur*
rang héréditaire.

Cette indication est bien vague pour un Européen
étranger au droit mulsulman. Aussi, pour la préciser,
hâtons-nous de dire qu'il faut ajouter à chacun des individus ci-dessus indiqués : *de la fille ou de la femme à*
marier. (1)

Mais si la fille ou la femme à marier *est soumise au*
droit de contrainte, c'est le tuteur des biens possédant
ce droit, — *quand même il ne l'exercerait point,* — qui
a la priorité sur tous les ouâlis ; et le mariage contracté
par un autre que par lui serait entièrement nul. Les
individus qui ont le droit de contrainte sont 1° le maître
de la fille ou de la femme esclave à marier, 2° le père
de la fille ou de la femme libre à marier, 3° le tuteur
testamentaire *de la fille ou de la femme libre à marier.*
Ces trois sortes de tuteurs agissent alors en la double
qualité de tuteurs *du contrat de mariage et de tuteurs*
des biens. Leur consentement *personnel* est indispensable au contrat, *s'ils exercent le droit de contrainte,* et
l'est toujours pour l'acceptation et la réception de là dot.

---

(1) Cela paraît facile à deviner ; mais pour le savoir, *il faut avoir longtemps*
pâli sur les manuscrits.

Si au contraire la fille ou la femme *n'est plus soumise au droit de contrainte,* ou bien si ce droit ne peut plus être exercé à son encontre, par suite d'interdiction ou de décès de ceux qui le possédaient, — le tuteur du contrat de mariage, chargé de produire le consentement de la fille ou de la femme, est pris dans l'ordre que nous avons indiqué, en ne passant à un tuteur subséquent qu'à défaut de celui qui le précède, pour cause d'incapacité ou de décès. *Mais cet ordre, dans le cas que nous supposons ici, n'est pas d'obligation rigoureuse, parce qu'un des individus désignés peut être choisi à l'exclusion de celui ou de ceux qui le précèdent.*

En cas de minorité de la fille ou de la femme exonérée du droit de contrainte, l'assistance de son tuteur des biens est en outre indispensable au contrat, pour l'acceptation et la réception de la dot, à moins que le tuteur spécial du contrat ne soit également le tuteur des biens. Ainsi, supposons une fille mineure qui a son père? Le père figurera seul au contrat en la double qualité d'ouâli du mariage et de tuteur des biens. — Supposons maintenant qu'à défaut de père ou de tuteur testamentaire, la fille mineure ait pour tuteur des biens le cadi? Il faudra alors l'assistance 1° du tuteur spécial du contrat de mariage, 2° du tuteur des biens. Cependant le tuteur, *quel qu'il soit,* peut se faire représenter par un étranger muni de pouvoirs réguliers; et le contrat auquel *le tuteur des biens* n'a pas assisté ou ne s'est pas fait représenter, est valable par la ratification expresse ou tacite de ce tuteur.

Cela posé, on procédera ainsi :

Pour la fille soumise au droit de contrainte, quand même ce droit ne serait pas exercé, on s'arrêtera au n° 1 ou à son maître, si elle est esclave; — au n° 3 ou à

son père, si elle est de condition libre. Le tuteur testamentaire représente le père. (1)

*Pour la fille libre qui n'est plus soumise au droit de
contrainte,* — soit parce que son père ou le tuteur
désigné par lui n'existent plus ou sont interdits, soit
parce qu'elle ne se trouve plus dans les conditions
voulues pour y être soumise, — on s'arrêtera au n° 2 ou
à son fils ; si elle n'a pas ou n'a plus de fils, ni de fils
de fils, ou s'ils sont incapables, on passera au n° 3 ou
à son père ; si le père est interdit ou n'existe plus, on
passera au n° 4 ou au frère de la fille, et *ainsi de suite.*

Outre les tuteurs de contrat de mariage que nous
venons d'indiquer, les auteurs admettent en dernière
ligne 1° le patron qui a affranchi la fille à marier, 2°
l'affranchi de ce patron (ce qui implique que le patron
possédait comme esclaves la fille à marier et cet affranchi), 3° celui qui s'est chargé volontairement d'élever
une jeune fille privée de ses parents ou abandonnée par
eux, 4° le cadi, à défaut des personnes qui précèdent,
5° enfin, la société musulmane, dans la personne hono-
rable d'un de ses membres.

22. *Opinions diverses en matière de mariage, extraites
du livre d'Ibn-Salamoune.* (2)

1. — Quoi qu'il soit de principe que la fille *tsiyeb* ou
qui n'est plus vierge, échappe au droit de contrainte, elle peut cependant y être soumise, pour cause

---

(1) Le maître transmet son droit de contrainte à ses héritiers. Ce droit, après la
mort du père de condition libre, ne peut survivre que dans la personne du tuteur
testamentaire.

(2) Tout ce que nous allons exposer ne concerne que la fille de condition libre ;
car il ne faut pas perdre de vue que la femme esclave est toujours soumise au droit
de contrainte.

d'une vie déréglée. L'exercice de ce droit appartient alors au père, ou au tuteur testamentaire, ou au tuteur spécial du contrat de mariage. Mais s'il s'agit de ce dernier tuteur, il est convenable qu'il soumette l'affaire au cadi.

2. — L'istimar ne s'adresse qu'à la jeune fille vierge pubère. Le droit de le lui adresser n'appartient au tuteur spécial du contrat de mariage qu'à défaut de père ou de tuteur testamentaire. Il est louable de le lui répéter trois fois, et il est toujours obligatoire de lui expliquer ce que c'est que l'istimar, en lui disant : « un tel te réclame en « mariage ; il t'offre un don de tant ; réponds, sinon ton « silence sera considéré comme un consentement. »

Le rire de cette fille est également considéré comme un consentement. Ses pleurs l'expriment aussi, *d'après les uns*, mais ne l'expriment, *d'après les autres*, que jusqu'au moment où elle répond : *non* (réponse qu'elle peut toujours faire, tant que les choses sont encore entières ou que le mariage n'a pas été conclu). — L'opinion la plus accréditée est que les pleurs, ainsi que le silence et le rire, expriment le consentement, parce qu'ils semblent indiquer chez la fille cette pensée : « si « mon père existait, je n'aurais pas besoin d'être soumise à cette épreuve : [je ferais sa volonté]. » (On voit par là que les pleurs de la jeune fille vierge n'indiquent son consentement *qu'autant qu'elle n'a plus de père.)*

3. — La jeune fille vierge pubère, que son père a déclarée majeure pour les biens, ne peut plus être contrainte au mariage. L'istimar même ne peut plus être employé à son égard ; c'est-à-dire que sur l'invitation à se marier qui lui est faite par son tuteur, elle doit répondre : *oui* ou *non*, et que son silence n'équivaut jamais à un consentement.

Cependant des auteurs admettent son silence, *à lu*

suite d'istimar, comme un consentement valable. Mais en ce qui concerne l'acceptation et la réception de la dot, il faut qu'elle s'énonce clairement, autrement son silence ne pourrait lui être opposé.

4. — La vieille fille vierge qui a atteint l'âge *tánis* doit exprimer son consentement par paroles.

Si elle a été mariée sur un consentement inféré de son silence, le mariage est nul.

Dans ce dernier cas, la question n'est controversée qu'autant qu'après avoir eu connaissance du mariage, elle y a consenti en termes exprès. Alors, d'après une première opinion, le mariage est valable ; — d'après une seconde opinion, le mariage est nul, parce qu'il manque de consentement formel préalable ; — d'après une troisième opinion, le mariage n'est valable qu'autant qu'elle en a été instruite immédiatement et qu'elle l'a ratifié.

5. — La fille qui n'est plus vierge, par suite de précédent mariage ou de commerce illicite, doit exprimer son consentement par paroles. Et si elle est mineure, elle doit être représentée au contrat 1° par son tuteur spécial du contrat de mariage, 2° par son tuteur des biens, en ce qui concerne la dot. Cette double représentation n'est exigée qu'autant que le tuteur des biens n'est pas également le tuteur du contrat de mariage.

6. — Le tuteur testamentaire ne peut employer que l'istimar pour le mariage de la fille vierge placée sous sa tutelle, à moins qu'il n'ait été autorisé par le père à la marier sans istimar, auquel cas il peut employer l'*idjbar* ou la contrainte.

Mais, soit qu'il emploie l'istimar, soit qu'il emploie l'idjbar, il ne peut la marier *qu'après* la manifestation chez elle de la puberté, contrairement au père, qui peut la contraindre au mariage *avant* la puberté.

7. — L'idjbar est un droit spécialement accordé au père, droit que le tuteur testamentaire ne peut posséder qu'autant que le père lui a désigné l'époux qu'il destinait à sa fille vierge.

Si le père n'a pas désigné l'époux, la question est ainsi résolue : 1° le tuteur testamentaire peut employer la contrainte *avant* et *après* la puberté ; 2° il n'a pas le droit de contrainte, [et cette opinion est conforme à la tradition du Prophète, qui parle d'istimar et non d'idjbar, car l'idjbar est un droit créé par la doctrine].

Le jurisconsulte *abou-l-h'asen-ibn-el-K'assar* résume la question ainsi : si le père a nommé l'époux qu'il destinait à sa fille vierge, le tuteur testamentaire peut la contraindre au mariage *avant* comme *après* la puberté ; — si le père ne lui a pas désigné d'époux, le tuteur testamentaire ne peut la marier qu'à l'âge de puberté et que de son consentement à la suite d'istimar ; — si la fille vierge a atteint l'âge *tânis*, il ne peut la marier que de son consentement formel, à la suite d'istidane.

8. — Le tuteur testamentaire, par ce fait qu'il représente le père, figure comme celui-ci au premier rang des oualis ou tuteurs spéciaux du contrat de mariage *de la fille vierge*, et il y figure *à l'exclusion de tous autres*.

Cependant des auteurs malékites prétendent (*et en cela ils sont d'accord avec les jurisconsultes Chaféïtes*) que le tuteur spécial du contrat de mariage, qui vient après le père de la fille vierge, (*soit le frère de cette fille)* a plus de droit que le tuteur testamentaire pour marier la fille vierge dont le père n'existe plus. Aussi, pour parer à toute objection, certains cadis de Cordoue (*c'est Ibn-Salamoune qui parle)* dressent le contrat de mariage de cette fille, au nom du tuteur spécial de ce contrat, *avec l'assentiment du tuteur testamentaire*. (On veut parler ici d'un tuteur testamentaire qui n'a pas le droit de contrainte, car s'il l'avait, il représenterait le père, et comme tel, figurerait au premier rang des tuteurs spéciaux du contrat de mariage, à l'exclusion de tous autres).

9. — D'après certains auteurs, le tuteur des biens de la fille vierge, *désigné par le cadi*, est dans les mêmes conditions que le tuteur testamentaire, pour figurer au premier rang des oualis du contrat de mariage.

D'après certains autres, le tuteur spécial du contrat de mariage a le droit de marier la *fille vierge*, qui n'a ni père ni tuteur testamentaire, *à l'exclusion du tuteur des biens désigné par le cadi.*

10. — Si le père a adjoint un surveillant *(mocherref)* au tuteur testamentaire, ce tuteur ne peut marier *la fille vierge* qu'avec l'assentiment de ce surveillant.

Si plusieurs tuteurs ont été désignés par le père, comme devant exercer la tutelle conjointement, l'un ne peut rien faire sans l'assentiment de l'autre ou des autres.

Si au lieu d'un surveillant, le père a adjoint un conseil *(mochaouer)* au tuteur testamentaire, l'assentiment de ce conseil n'est pas nécessaire au tuteur pour marier la fille vierge.

11. — Le tuteur du contrat de mariage, qui vient en ordre utile, pour marier une fille ou une femme, ne peut déléguer ses pouvoirs qu'à un individu du *sexe masculin*, car la femme n'a pas qualité pour contracter directement un mariage, en son nom ou au nom d'une autre femme : elle ne le peut que par l'intermédiaire d'un homme. C'est pourquoi la femme, qui a été nommée tutrice testamentaire, doit, lorsqu'il s'agit du contrat de mariage de sa pupille, déléguer ses pouvoirs à un homme.

12. — La fille vierge *pubère*, dont le père a disparu, peut être mariée par le cadi, à la suite d'istimar et non d'idjbar, car le cadi ne possède le droit de contrainte qu'à l'égard de *l'orpheline* dont la vertu est en danger ou dont la conduite est déréglée.

13. — Le tuteur du contrat de mariage peut contracter *pour lui-même*, avec sa pupille vierge ou non, en tant qu'elle est pubère. Mais il ne le peut qu'après istimar, si elle est vierge, et qu'après istidane, si elle n'est plus vierge.

14. — En cas de concurrence et de contestation entre plusieurs tuteurs du contrat de mariage, il en est référé au cadi.

23. *Interdiction partielle de la femme en puissance de mari.*

La femme mariée ne devient majeure qu'après la consommation du mariage, ainsi que nous l'avons expliqué.

Une fois majeure, elle peut disposer de ses biens comme elle l'entend, et ester en justice, *sans l'autorisation de son mari.*

La seule interdiction qui la frappe, c'est de ne pouvoir disposer, par donation entre-vifs, de plus du tiers de ses biens, au profit d'un étranger ; car son mari héritant d'elle, la loi n'a pas voulu qu'elle pût annihiler ce droit de succession, en disposant gratuitement de tous ses biens.

Le mari n'est pas frappé de la même incapacité, quoique sa femme hérite de lui, parce qu'il a toutes les charges du mariage et que la femme n'en a que les avantages.

Le mari n'est jamais responsable de la gestion de sa femme tutrice testamentaire.

NOTA. — Il reste beaucoup à dire sur le *mariage*. Le lecteur comprendra que la place d'un traité complet sur la matière n'était pas dans cet *Examen critique*.

SECTION 3

Des attributions spéciales des cadis

Au vol. 4, p. 74 de la traduction de M. Perron, on lit :

« *Des* **actes** *dont la* **validité** *exige un jugement du cadi.*

« C'est par un jugement émané du cadi ou de son substitut [et « non d'une autre autorité] que [toutes les fois qu'il est besoin « d'une sanction légale] doit se **régulariser,** se **confirmer** « juridiquement : — 1° une émancipation ; — 2° un acte d'inca- « pacité de tel individu à se conduire et administrer ses affaires ; — « 3° des dispositions testamentaires [et les détails qu'elles ex- « priment, soit relativement aux successibles, ou aux choses léguées « à tel ou à tel, soit relativement à la validité contestable ou non « de telles ou telles dispositions, ou à la préférence à donner à tel « tuteur ou à tel exécuteur testamentaire, etc.] ; — 4° une immo- « bilisation transmissible [destinée à passer d'un individu présent « à des individus non existants ou non dénommés actuellement, « par exemple une immobilisation ou habous en faveur d'un tel et « de sa descendance et de toute sa lignée ; c'est au K'âdi qu'il ap- « partient de juger et confirmer si cette immobilisation est ou n'est « pas dans les conditions légales, si elle a le caractère de trans- « missibilité, ou si elle n'est affectée qu'à un tel ; dans ce cas de « non transmissibilité, la confirmation du K'âdi n'est pas indis-

« pensable, car le habous alors ne se rapporte point à des in-
« dividus absents ; le habous en faveur des pauvres est une
« immobilisation transmissible] ; — 5° le fait de l'absence [non
« de la disparition d'un individu dont on a perdu la trace ; d'autre
« part, la femme de l'individu absent porte aussi la connaissance
« de l'absence de son mari au ouâli ou gouverneur du pays et au
« collecteur officiel des zekât ou prélèvements] (Voyez vol. III,
« p. 80) ; — 6° la filiation ou les rapports de parenté [entre tel
« et tel] ; — 7° les droits d'autorité [ou de tutelle ou de protec-
« tion ou de ouâli sur un tel]; — 8° les peines fixées [et réglées
« invariablement par la loi contre l'individu de condition libre, ou
« contre l'esclave que le mariage unit à un conjoint qui n'est
« point la propriété du patron ; si l'esclave est célibataire, ou si le
« mariage l'unit à un conjoint qui est la propriété du patron,
« celui-ci doit faire infliger la punition à l'esclave coupable] ; —
« 9° les châtiments corporels (Voyez note 25, vol. III, p. 584) ; —
« 10° les droits et affaires de tout orphelin [émancipé, ou inca-
« pable de l'être. Néanmoins, dans toutes ces circonstances diver-
« ses, si la chose a été examinée et décidée ou confirmée conve-
« nablement, selon la loi et la justice, bien que sans l'intervention
« du K'âdi, le fait demeure accompli.] »

Il résulte bien de cette traduction, du titre qui la procède et de cette indication qui figure à la table, vol. 6,
p. 87, sous le mot K'âdi : « *dix sortes d'actes civils*
« *qui doivent être régularisés et confirmés par un*
« *jugement,* » — il en résulte bien, disons-nous, que
les actes dont il est question *ne sont valables qu'autant
qu'ils ont été régularisés et confirmés par le cadi.*

Or, il n'en est rien : Kharchi dit que ces *mesaïl* (*questions* sur lesquelles on n'est pas d'accord et qui sont
soumises à la décision du juge) doivent être vidées
par les cadis ou leurs suppléants et non par les particuliers. Ce qui signifie que les *difficultés* qui naissent au
sujet des actes énumérés par Khalil doivent être jugées
par les tribunaux. C'est ici le cas de notre article 83 du
code de procédure civile, avec cette différence que le

cadi remplit tout à la fois les fonctions de ministère public et de juge. (1)

Que l'on consulte les formulaires des praticiens, en-tr'autres celui d'Ibn-Salamoune, et l'on verra que ces actes n'ont pas besoin de la ratification du cadi : le cadi peut les recevoir comme notaire, sans que son minis-tère soit obligatoire pour les parties, et sans qu'il soit besoin qu'il les valide *par une confirmation juridique.*

On ne peut admettre qu'un individu, porteur d'un acte quelconque, se présente devant le cadi, pour lui faire régulariser, ou confirmer, ou valider, ou homolo-guer une pièce dont les intéressés à le contester sont inconnus, ou n'existent pas encore, ou ne peuvent sur-venir que longtemps après la passation de l'acte et lorsque leurs intérêts seront en jeu. Ce serait, — contrairement à tous les principes de droit, de justice et d'équité, — statuer sur une contestation imprévue ou non encore née, — condamner une personne sans l'avoir entendue, — ouvrir un vaste champ à la surprise et à la mauvaise foi, — mettre le cadi dans la nécessité de se déjuger à tout moment, ou dans la nécessité de maintenir, *par amour propre,* ce qu'il a fait.

Que l'on pèse bien les termes du commentaire de Kharchi, que l'on en saisisse bien l'esprit, et l'on verra qu'il ne s'agit pas, pour le cadi, *de régulariser ni de con-firmer un acte, ni de lui donner une sanction légale, mais bien de statuer sur un différend qui lui est soumis au sujet d'un acte.*

(1) Il est probable que M. Perron objectera : c'est précisément ce que j'ai dit par ces mots : *Toutes les fois qu'il est besoin d'une sanction légale.* Qu'il me soit permis de lui répondre qu'il aurait dû spécifier dans quels cas les actes dont s'agit *ont besoin d'une sanction légale.* Si M. Perron a voulu faire de sa traduction un autre *précis* de Khalil, il n'a pas atteint le but désiré.

Le ministère du cadi n'est pas obligatoire pour la passation d'un acte quelconque, car la preuve testimoniale, en toute matière, supplée toujours au défaut d'écrit. Mais supposons qu'il en a reçu un comme notaire, alors il faut admettre, selon la traduction de M. Perron, que le cadi doit dire *in fine: j'approuve, je confirme, je valide mon propre ouvrage*. Cela serait absurde, et *l'absurde* n'existe pas dans les œuvres de jurisprudence musulmane.

Un tuteur testamentaire déclare, en présence de deux témoins, son pupille majeur ; le cadi n'a aucune sanction légale à donner à cette déclaration pour la rendre valide : elle est exécutoire *ipso facto*. Mais que des héritiers du pupille soutiennent que sa majorité a été déclarée à tort, parce qu'il n'a pas la capacité voulue et qu'il pourra dissiper son patrimoine ; alors il y a *contestation*, et l'intervention du cadi devient obligatoire pour statuer sur un *différend* qui lui est soumis *au sujet d'un acte de déclaration de majorité*.

Il ne faut pas confondre, avec ce qu'indique Khalil, ces *visas* ou *approbations* que certains jurisconsultes, même les cadis, mettent quelquefois au bas des actes qui leur sont soumis : cela ne constitue qu'un *avis* au sujet du droit que confère l'acte, mais ne saurait rendre valide un acte qui ne l'est pas ; et le défaut de visa ou d'approbation ne saurait priver de sa force un acte qui a été légalement fait ou consenti.

Cela posé, examinons les textes.

Traduction du texte de Khalil

« Les cadis seuls ont le droit de statuer sur les con-

« testations (1) qui naissent au sujet 1° de la majorité,
« 2° de l'incapacité, 3° des dispositions testamentaires,
« 4° des habous qui sont tout à la fois au profit d'indi-
« vidus nés et à naître, 5° des affaires de l'absent, 6° de
« la parenté, [et par suite des droits d'hérédité], 7° du
« patronage, [et par suite, des droits de succession qu'il
« confère sur les biens de l'affranchi], 8° de l'application
« des peines déterminées, 9° de l'application des peines
« d'après la loi du talion, 10° des biens d'un orphelin. »

Traduction du commentaire de Kharchi

« Cela signifie que ces dix *mesaïl* ou questions doivent
« être jugées par les cadis ou leurs suppléants, à l'ex-
« clusion de tous autres individus, comme 1° de l'*ouâli*
« (gouverneur civil), 2° de l'*ouâli-el-ma* (mot-à-mot,
« *gouverneur de l'eau* ou fonctionnaire militaire chargé
« de recueillir les impôts), 3° d'un *mohakkam* ou juge-
« arbitre choisi par les parties. — Toutefois, si des in-
« dividus autres que les cadis statuent sur ces contes-
« tations, leurs décisions sont valables et obligatoires,
« en tant qu'elles sont conformes à la loi et à l'équité,
« mais ces individus [excepté ceux qui seront indiqués
« pour certains cas ci-après signalés] doivent subir une
« punition [pour exercice illégal de la magistrature].
« (Cette punition est laissée à la discrétion du magistrat,
« et consiste, selon la qualité ou la capacité des per-
« sonnes, en réprimande, en coups de fouet, ou en em-
« prisonnement.)

---

(1) Le verbe *yahkoum* qu'emploie Khalil, signifie · *statuer sur une contesta-*
tion. — Quand il n'y a pas de contestation et qu'il s'agit d'une *confirmation* ou
d'une *ratification*, on se sert d'une autre expression.

1° — 2°

« En ce qui touche la majorité et l'incapacité [de l'en-
« fant placé sous la tutelle de son père ou d'un individu
« désigné par le père], il en a été question plus haut : [la
« solution de toutes les difficultés relatives, à l'état et
« aux biens de cet enfant, appartient *exclusivement*
« aux cadis].

3°

« En ce qui touche les dispositions testamentaires,
« les cadis *seuls* ont le droit de décider [en cas de diffi-
« culté], si un tel est réellement tuteur testamentaire,
« si la disposition qui le nomme est valable ou nulle.
« Ils ont également seuls le droit de statuer sur les
« difficultés qui s'y rattachent, pour savoir [en cas de
« nomination de plusieurs tuteurs] si l'un d'eux a la
« préférence sur l'autre, ou si la tutelle doit leur être
« commune, ou si cette tutelle doit être restreinte à un
« seul individu.

4°

« En ce qui touche le habous qui est tout à la fois
« au profit d'individus existants et à naître, les cadis
« seuls ont le droit de connaître des contestations que
« ce habous peut soulever, sur les points de savoir si
« le habous est valable ou nul, ou s'il est réellement au
« profit d'individus existants et à naître, ou s'il n'est
« qu'au profit d'individus existants.

« Quant au habous qui n'est qu'au profit d'individus
« existants, les difficultés qu'il peut faire naître n'ont
« pas besoin d'être résolues par les cadis [parce qu'alors
« il n'y a pas d'intérêts d'absents ou d'individus à

« naître en jeu] : (ce qui veut dire, dans ce cas, que
« les difficultés qui se rattachent au habous fait seule-
« ment au profit d'individus existants, peuvent être
« jugées par des particuliers choisis par les parties,
« aussi légalement qu'elles le seraient par des cadis,
« sans que ces particuliers encourent une peine, pour
« exercice illégal de la magistrature).

« D'après la distinction que nous avons établie en
« fait de habous, il semble rationnel que le habous au
« profit des pauvres doive être assimilé au habous qui
« est tout à la fois au profit d'individus existants et à
« naître : [par conséquent, la connaissance des difficul-
« tés que son exécution peut soulever, nous paraît de-
« voir n'appartenir qu'aux cadis].

5°

« En ce qui touche les affaires de l'absent, il faut
« distinguer entre l'absent dit *r'aïb* ou celui qui a dis-
« paru de son domicile ou de sa résidence, mais dont
« la résidence actuelle *est connue*, — et l'absent dit
« *mefk'oud* ou celui qui a disparu et dont la trace *est*
« *perdue*.

« La connaissance des affaires du *r'aïb* appartient
« spécialement aux cadis, — non la connaissance des
« affaires du *mefk'oud* [qui ne lui appartient pas exclu-
« sivement, car, en ce qui concerne le *mefk'oud*], *certes*,
« *sa femme (fa-inna zaoudjatahou)* [lorsqu'il s'agit d'a-
« liments ou de droits dotaux], peut s'adresser indiffé-
« remment au cadi, ou à l'ouâli, ou à l'ouâli-el-ma. (Voir
« Perron, vol. 3, p. 80.) [A part cette exception, le cadi
« seul connaît de toutes les affaires du mefk'oud comme
« de celles du r'aïb].

« Nous faisons remarquer que Khalil a dit : l'affaire
« de l'absent *(amr-el-r'aïb)* et non pas simplement
« *l'absent (el-r'aïb)*, parce que l'absent n'est pas suscep-
« tible de recevoir une décision *sur le seul fait de son*
« *absence,* et que le juge ne peut statuer que sur *des in-*
« *térêts mis en jeu* par suite de l'absence. (1)

6° — 7°

« En ce qui touche la parenté [et les droits d'hérédité
« qu'elle confère], et en ce qui touche le patronage [et
« les droits de succession qu'il confère sur les biens de
« l'affranchi], — les cadis seuls ont le droit de décider
« [en cas de contestation] si un tel est bien le parent
« d'un tel [et si en cette qualité, il a un droit hérédi-
« taire sur les biens du défunt], ou si un tel a un droit
« de patronage, [et par suite un droit de succession] sur
« un tel [son affranchi défunt].

8°

« En ce qui touche les peines *déterminées* par le
« Koran ou la doctrine [peines que le magistrat ne
« peut ni augmenter ni diminuer, et dont le souverain
« ne peut faire grâce], — s'il s'agit d'un individu de

(1) De la traduction de M. Perron il semble résulter que lorsqu'il s'agit de l'absent *(r'aïb)* et non de l'individu dont on a perdu la trace *(mefk'oud)*, la femme
peut s'adresser à *l'ouâli* ou à *l'ouâli-el-ma.* Or, Kharchi dit le contraire, et n'admet le droit à la femme de s'adresser à un autre qu'au cadi que lorsqu'il s'agit
du *mefk'oud* — D'un autre côté, d'après sa traduction, le cadi serait chargé de
statuer *sur le fait de l'absence,* ce qui constitue une autre erreur, car nous avons
vu que le cadi statue *sur les affaires de l'absent* et non *sur le fait seul de*
l'absent, fait qui ne peut être l'objet d'une décision juridique qu'autant que des
intérêts sont mis en jeu par suite de l'absence.

La différence que la doctrine a établie entre le *r'aïb* et le *mefk'oud,* pour les

« condition libre, le cadi seul a le droit de les lui faire
« appliquer; — s'il s'agit d'un individu esclave, son
« maître peut [de sa propre autorité] les lui faire
« appliquer, lorsque l'infraction qui y donne lieu est à
« la connaissance de témoins autres que le maître [et
« lorsque l'infraction n'a pas été commise contre le
« maître, *car ce dernier ne saurait être juge ni témoin*
« *dans sa propre cause*]; mais il faut que l'esclave in-
« fracteur, homme ou femme, ne soit point uni à un
« conjoint possédé par un autre individu que ce maître,
« [parce qu'alors le maître de l'esclave non infracteur a
« intérêt à ce que le conjoint de son esclave ne soit pas
« puni par un autre intermédiaire que celui du magis-
« trat, pour empêcher l'arbitraire, ou des excès dont les
« conséquences rejailliraient *moralement* sur la santé
« de l'esclave non infracteur, et par suite en diminue-
« raient la valeur ou en causeraient la perte].

9° — 10°

« En ce qui touche l'application de la peine du talion
« pour cause d'homicide volontaire *(el-k'isas finnèfs)*,
« et les biens de l'orphelin dépourvu de père tuteur
« légal ou de tuteur testamentaire, ces matières font
« partie de celles dont la connaissance appartient spé-

---

attributions spéciales du cadi, est sage et dans l'intérêt des justiciables. En effet, s'il
s'agit du r'aïb, sa résidence est connue, le cadi peut le faire mander, ou donner
commission rogatoire à son collègue du lieu de la résidence du r'aïb d'interroger
ce dernier; et dans ce cas, charger d'autres individus que les cadis du soin de
statuer sur les différends des parties, c'eût été jeter la perturbation dans l'administration de la justice, en y laissant s'immiscer des personnes qui n'ont pas la capacité spéciale voulue. — Mais lorsqu'il s'agit du mefk'oud, comme il peut être
urgent ou indispensable de le découvrir, la doctrine a laissé aux intéressés la faculté de s'adresser tant au cadi qu'à l'ouàli ou à l'ouàli-el-ma, parce qu'au moyen
des trois, on est plus sûr d'arriver à une découverte qu'au moyen du cadi seul.

« cialement aux cadis. — Khalil, au lieu d'employer
« ces mots : *biens de l'orphelin*, aurait mieux fait de
« dire : *affaires de l'orphelin*, parce que cette dernière
« expression se serait rapportée à *la personne* de l'or-
« phelin, pour la déclarer incapable ou capable, et *à ses*
« *biens*, pour vendre, partager, etc.; [mais il est certain
« que l'intention de Khalil a été de faire allusion tant à
« la personne qu'aux biens de l'orphelin dépourvu de
« père tuteur légal ou de tuteur testamentaire].

« D'un autre côté, Khalil a employé d'une manière
« vague ces expressions : *peines déterminées*, — *peines*
« *résultant de la loi du talion*, — *biens de l'orphelin*,
« parce que les sujets qu'embrassent ces matières sont
« nombreux [et qu'en en spécifiant quelques-uns, on
« aurait pu croire, — ce qui n'est pas, — que la con-
« naissance des autres était commune tant aux cadis
« qu'aux individus non cadis].

« Toutefois, nous avons cru devoir restreindre l'accep-
« tion du mot *k'isas (peines en général résultant de la*
« *loi du talion)* au cas seulement de l'application de
« cette loi pour cause d'homicide volontaire (*el-k'isas*
« *finnèfs*). [C'est-à-dire, selon nous, que les cadis seuls
« ont le droit d'appliquer la peine du talion pour cause
« d'homicide volontaire, et que pour toute autre cause,
« le droit d'appliquer la loi du talion est commun tant
« aux cadis qu'aux particuliers choisis par les parties].
« Notre interprétation en cela a été fondée sur l'opinion
« de certains commentateurs de Khalil. qui [après avoir
« parlé du *k'isas finnèfs* comme rentrant dans les attri-
« butions spéciales du cadi], disent : quant aux *athraf*,
« il en sera question sous ce passage de Khalil : « *la*
« *décision d'un autre que le cadi est valable, si elle est*
« *conforme à la loi, mais celui qui l'a rendue doit subir*

« *une punition pour exercice illégal de la magistra-*
« *ture* ». [Ce qui semblerait indiquer, d'après ces com-
« mentateurs, que le passage qui vient d'être cité ne
« s'applique qu'aux *athraf (mutilations des membres du*
« *corps ou des jointures des membres ou blessures dénu-*
« *dantes*), et que par conséquent Khalil aurait refusé à
« d'autres qu'aux cadis l'application de la loi du talion,
« pour cause d'homicide volontaire, quand même cette
« application serait juste et légale]. Mais hâtons-nous
« d'ajouter que notre interprétation admet un examen,
« car le passage en question constitue une *disposition*
« *générale* qui paraît devoir s'appliquer non-seulement
« aux athraf [mais encore aux autres matières indiquées
« par Khalil]. (1)

« Les matières que nous venons de passer en revue
« rentrent dans les attributions spéciales des cadis [à
« part les exceptions que nous avons signalées], parce
« que ces matières sont graves, qu'elles se rattachent à
« des droits divins et humains, et qu'elles concernent
« des individus à naître ou des absents [sans défenseurs
« ni représentants].

« Enfin quelques auteurs, qui ont donné des formules
« d'actes judiciaires, ajoutent aux dix cas ci-dessus
« indiqués comme rentrant dans les attributions spéciales
« des cadis [la solution des difficultés relatives] : 1° au
« divorce, 2° à l'anathème pour cause d'adultère, 3° à
« l'affranchissement d'un esclave ; mais leur opinion à
« cet égard est faible, parce qu'il est admis que les par-
« ticuliers choisis par les parties peuvent, aussi bien que

---

(1) En effet, d'après Derdiri, la décision d'un arbitre, au sujet de l'application
de la loi du talion, pour cause d'homicide volontaire, doit être exécutée, mais
celui qui l'a rendue subit une punition pour exercice illégal de la magistrature.

« les cadis, statuer sur les difficultés relatives à ces
« trois cas. »

Khalil, en spécifiant les matières qui sont réservées
aux cadis, admet implicitement que les matières non
indiquées peuvent être jugées par des arbitres choisis
par les parties. *Mais il résulte de ce que nous venons
de voir ce point important pour notre administration,
que le ministère des cadis, même pour les matières spé-
cifiées, n'est pas rigoureusement obligatoire, puisqu'un
arbitre peut les trancher et que sa décision est exécutoire
du moment qu'elle est conforme au droit et à l'équité ;*
seulement cet arbitre subit une punition pour s'être
immiscé dans les fonctions de la magistrature. *Par conséquent les tribunaux français peuvent être légalement
substitués aux cadis,* sans qu'il y ait infraction à la disposition pénale édictée par la *doctrine* et non par le
Koran, parce que cette disposition ne concerne que les
particuliers et ne fait pas partie de celles 'qui se rattachent essentiellement à la religion et au culte musulman.

SECTION 4

De l'interdiction partielle de l'individu dangereusement malade et de tout autre individu en danger de mort.

Au vol. 4, p. 82, 83, 84 et 85, on lit :

« L'interdiction frappe les actes civils [*c'est-à-dire prive de leur
« validité les actes civils*] de l'individu atteint de maladie jugée,
« par l'art médical, comme entraînant d'ordinaire une mort assez
« prompte [ou comme étant directement mortelle] : la phthisie dé-
« clarée, les violentes coliques d'entrailles [volvulus, invagination

« intestinale, hernie étranglée], le point de côté [ou la pleurésie et
« le pneumonie, la dyssenterie ou le flux de sang], les fièvres graves
« [aiguës continues, inflammatoires, adynamiques, ataxiques, etc...
« La première fièvre qui descendit sur terre échut au lion, lorsque
« Noé l'eût transporté dans l'arche ; les habitants de l'arche eurent
« peur du lion, et alors Dieu lui envoya la fièvre] (1). La *grossesse*
« arrivée au septième mois [ne fût-ce que depuis un jour et d'après
« le simple aveu de la femme elle-même] *met aussi les actes de la*
« *femme hors de la validité légale.* Sont de même [*privés de*
« *toute validité*] les actes ou faits civils, — du meurtrier [convaincu
« de meurtre, soit par preuves, soit par aveu direct, et] mis en pri-
« son [ou au cachot ; mais, tant que le crime n'est pas prouvé,
« l'accusé conserve son droit de libre décision dans ses actes et
« faits civils] ; — de l'individu [par exemple convaincu de vol, et]
« *qui a été mutilé* [c'est-à-dire qui, *récemment, a eu la main*
« *coupée, ou le pied coupé*], et s'il y a lieu de craindre que la
« mutilation n'amène la mort ; — de l'individu présent et combattant
« dans les rangs de l'armée en bataille [et quand même il n'a pas
« encore reçu de blessure ; il en serait autrement si cet individu
« était dans les troupes placées en réserve, afin de venir au secours
« de ceux qui plieraient devant l'ennemi, ou était dans les troupes
« d'observation afin de retenir et ramener au combat les musulmans
« qui fuieraient, ou était dans les troupes en exploration afin d'em-
« pêcher d'ouvrir la bataille avant que l'ennemi ne fût réellement
« présent ; — de ceux qui sont au milieu d'une grande épidémie
« qui déjà aurait emporté le tiers ou la moitié d'une population].
  « Il n'en est plus ainsi [c'est-à-dire que les actes ou les volontés
« d'un individu gardent toute leur valeur, et que l'interdiction ne
« frappe jamais ces actes ou volontés], lorsque l'individu [au mo-
« ment où il a agi ou s'est prononcé] — avait [une maladie légère,
« ou qui n'entraîne pas ordinairement la mort, lorsqu'il avait]. par
« exemple, la gale [ou l'ophthalmie, ou une fièvre intermittente,
« tierce ou quarte, le *baras'* ou vitiligo, ou la lèpre) ; ou était à
« voyager sur mer [ou sur un fleuve], et quand même l'individu
« [au moment où il se prononça, ou fit tel acte civil] eût été au

(1) Ce conte *intéressant*, sur l'origine de la fièvre, n'est pas de Khalil et n'avait pas besoin d'être rapporté, pour l'intelligence du texte.

« milieu de l'épouvante et des horreurs d'une tempête [ou d'un
« danger imminent].

« L'interdiction [ou invalidité légale] n'atteint point les actes [ou
« les injonctions d'un individu dangereusement malade], lorsque
« le fait concerne les soins et dépenses de l'individu, le traitement
« de la maladie, ou bien est un fait d'échange intéressé [tel qu'une
« vente, ou un achat, ou un arrangement de société pour des plan-
« tations et des travaux de petite culture, ou une société en partici-
« pation, ou toute transaction relative à un avantage pécuniaire, et
« lorsqu'il n'y a pas de connivence frauduleuse ; mais y a-t-il eu
« connivence avec un individu non héritier, ce dont ont été frustrés
« les successibles *sera repris sur le tiers disponible de l'héritage,*
« si le malade meurt ; *s'il ne meurt pas,* la cession faite par con-
« nivence *est annulée,* à moins que les héritiers n'abandonnent la
« cession à celui à qui elle a été faite, et alors elle est considérée
« comme un don de leur part. Le mariage, le divorce, la concilia-
« tion en cas d'amende à recevoir pour outrage, rentrent dans les
« cas que la loi frappe d'invalidité, lorsqu'ils sont accomplis par un
« individu atteint de maladie grave et dangereuse]. Lorsqu'il a
« [pendant sa maladie] assigné à quelqu'un une largesse, un bien-
« fait [par exemple lorsqu'il a affranchi un esclave, ou fait une au-
« mône, ou ordonné l'immobilisation de telle propriété], on diffère
« l'exécution [de ces ordres ou volontés], afin d'y satisfaire sur le
« tiers [qui, de la succession, puisse seul être affecté, après la mort,
« à ces destinations bénévoles ; on n'y consacre que ce tiers, qu'il
« suffise ou non] ; si l'individu *guérit,* tout [ce dont il a ainsi disposé]
« doit être appliqué à la destination [indiquée, *pourvu toutefois*
« *que les biens de l'individu ne soient pas des propriétés stables,*
« *invariables*] ; si, au contraire, les biens consistent en propriétés
« immeubles, invariables [inaltérables, en propriétés foncières, en
« une maison, un plant de dattiers, etc.], on ne diffère pas [l'exécu-
« tion des ordres ou volontés du malade ; on consacre à y satisfaire
« immédiatement, *le tiers de ses biens, quantité au delà de*
« *laquelle l'individu ne peut disposer de rien*]. (1)

(1) J'appelle l'attention du lecteur sur les passages *en caractères italiques* de la
traduction que je viens de citer, afin qu'il les compare avec la traduction que je
donnerai plus loin.

1°

Il résulte positivement de cette traduction — que l'individu atteint d'une maladie jugée par l'art médical, comme étant ordinairement mortelle, — que la femme qui est arrivée au septième mois de sa grossesse, — que le meurtrier arrêté, pour être mis à mort, — que l'individu qui a été mutilé, — que celui qui combat en présence de l'ennemi, — sont incapables des actes de la vie civile, **et que l'interdiction prive de leur validité les actes civils de ces personnes.**

Or, il n'en est rien : *elles ne sont privées que de la faculté de disposer, par donations,* **(1)** *de plus du tiers de leurs biens ;* ce qui veut dire que ces individus, en les supposant majeurs, ont la capacité voulue pour disposer de tous leurs biens, *à titre onéreux,* et que s'ils n'étaient pas placés *sous le coup de l'interdiction partielle* dont parle Khalil, *ils pourraient disposer, par donations, de tous leurs biens.*

2°

En ne citant que le *meurtrier,* comme frappé d'interdiction, M. Perron laisse penser *que tout autre criminel qui a encouru la peine de mort n'est pas interdit.* Or, il u'en est rien : Khalil a voulu parler de tout individu, *quel que soit son crime,* arrêté pour être mis à mort.

M. Perron laisse en outre penser que le meurtrier qui a payé le prix du sang est également interdit. Or, il n'en est rien : ce meurtrier, qui a racheté sa peine, échappe à l'interdiction ; car il faut bien remarquer que ce n'est qu'en raison de ce qu'un individu *est exposé à une mort certaine ou à un grand danger de mort,* pour meurtre ou autre crime, ou pour tout autre cause, que la doctrine *l'a assimilé au testateur,* ou à celui qui, stipulant *pour le temps où il n'existera plus*, ne peut disposer, à *titre gratuit*, que du *tiers de ses biens.*

3°

Quant à ce passage : « mais y a-t-il connivence avec « un individu *non héritier*, ce dont ont été frustrés *les* « *successibles* sera repris *sur le tiers disponible de l'héri-* « *tage*, si le malade meurt ; s'il *ne meurt pas*, la cession « faite par connivence *est annulée*, » on n'y comprend rien. En effet, il paraît extraordinaire qu'on autorise les successibles à reprendre sur le tiers disponible, ce dont ils ont été privés, et qu'on laisse en paix l'individu non héritier avec lequel il y a eu *connivence*, parce que c'est plutôt à son encontre que sur le tiers disponible, que la chose devrait être reprise.

D'un autre côté, M. Perron, en disant que *si le malade ne meurt pas, la cession faite par connivence est annulée*, a commis une erreur grave, parce que si le malade ne meurt pas (c'est-à-dire s'il guérit de la maladie qui donnait lieu à son interdiction), la cession qu'il a faite par connivence *devient valide*, sans qu'il soit besoin que les héritiers abandonnent cette cession à celui à qui elle a été faite.

4°

Ce passage : « lorsqu'il a, pendant sa maladie, assi- « gné à quelqu'un une largesse, un bienfait, par exem- « ple lorsqu'il a affranchi un esclave, ou fait une au- « mône, ou ordonné l'immobilisation de telle propriété, « on diffère l'exécution de ces ordres ou volontés, afin « d'y satisfaire sur le tiers qui, de la succession, puisse « seul être affecté, après la mort, à ces destinations bé- « névoles ; » — ce passage, disons-nous, déroute le lec- teur. En effet, lorsqu'il a vu que *l'interdiction frappe les actes civils, c'est-à-dire prive de leur validité les actes civils du malade,* il est à se demander comment, *après avoir frappé ce malade d'une interdiction aussi complète,* il a pu avoir encore la faculté de faire une largesse, un bienfait !

5°

De cet autre passage : « si l'individu guérit, tout ce « dont il a disposé doit être appliqué à la destination « indiquée, pourvu toutefois que les biens de l'individu « ne soient pas des propriétés stables, invariables » — de cet autre passage, disons-nous, on conclut naturellement que la donation *ne doit pas avoir d'effet sur les propriétés stables, invariables, ou sur les immeubles.* Or, il n'en est rien, car *si l'individu guérit,* sa donation est exécutoire pour tout ce qu'elle comprend, *meubles* ou *immeubles,* quand même elle excéderait *le tiers disponible,* tiers auquel la donation n'était restreinte que pour cause de maladie, restriction qui devient sans effet, par suite de la guérison du donateur.

—

Afin que le lecteur puisse apprécier à sa juste valeur la traduction de M. Perron, je vais donner la traduction du texte de Khalil et du commentaire de Kharchi.

Texte

I

« L'individu atteint d'une maladie jugée, par l'art médical, comme offrant beaucoup de danger de mort, est frappé d'interdiction [pour disposer, par donation, de plus du tiers de ses biens]. »

Commentaire

« Khalil parle de l'interdiction du malade, immédia-

tement après celle de l'esclave, parce qu'il y a cette
analogie entr'elles, qu'à l'égard de l'esclave, l'interdiction est établie au profit de son maître, et qu'à l'égard
du malade, elle est établie au profit de ses héritiers.

« Le sens est que l'interdiction devient obligatoire de
plein droit, à l'encontre de l'individu atteint d'une maladie jugée, d'après l'art médical, comme offrant beaucoup de danger de mort, — de l'individu atteint, par
exemple, d'une des maladies que Khalil décrit plus loin ;
que cette interdiction n'atteint pas les actes relatifs aux
dépenses de son entretien et de son traitement, ni ceux
relatifs à des échanges mobiliers ou immobiliers (2),
mais n'atteint que ses libéralités par donations, en tant
qu'elles excèdent le tiers de ses biens (3), et ne les atteint
que dans l'intérêt de ses héritiers : (d'où la conséquence
que ces derniers peuvent seuls se prévaloir de l'interdiction ou renoncer à s'en prévaloir).

« Par ces mots : *atteint d'une maladie jugée, par l'art*
médical, comme offrant beaucoup de danger de mort,
Khalil a voulu parler d'une maladie à laquelle l'individu
peut succomber, sans que cela n'ait rien d'étonnant pour
personne, *quand même les médecins n'auraient pas dé-*
claré que la présomption de mort dût l'emporter sur
la présomption de guérison. Cette interprétation est
contraire à l'opinion de Mazari (qui est de cet avis
que, pour qu'il y ait lieu à l'interdiction du malade,
les médecins doivent déclarer que la présomption de
mort l'emporte sur la présomption de guérison). Quoique
le sens apparent des termes de Khalil semble donner
raison à Mazari, nous disons que l'opinion de ce dernier
nous semble faible.

« Par ces mêmes mots : *atteint, etc.,* Khalil a voulu
excepter les affections peu dangereuses pour la vie,

comme les maux de dents, l'ophthalmie, et autres qui
n'ont pas de gravité, auxquelles un individu peut suc
comber, ce qui passerait alors, aux yeux du vulgaire,
comme étonnant.

Texte

II

« Par exemple, [est frappé d'interdiction, comme nous
venons de le dire], l'individu atteint de phthisie, de
violentes coliques d'entrailles, d'une fièvre aiguë. [Par
analogie, en raison du péril qu'elles courent, sont également frappés d'interdiction, dans les mêmes condi-
tions] 1° la femme qui a terminé le sixième mois de sa
grossesse, 2° l'individu arrêté pour *être mis à mort*
(lik'atline), 3° l'individu condamné à la mutilation [mais
seulement lorsqu'il est à l'approche de subir son sup-
plice], et en tant qu'il est à craindre que la mutilation
n'entraîne sa mort, 4° enfin, le combattant dans les
rangs de l'armée en bataille.

Commentaire

« Les maladies indiquées dans ce texte, par le seul
fait qu'elles sont reconnues, mettent en état d'interdiction [pour disposer de plus du tiers de leurs biens, à titre
de donation], les personnes qui en sont atteintes.

« Sont assimilés au malade frappé d'interdiction :

1° La femme qui a terminé le sixième mois de sa grossesse et est entrée dans le septième mois, ne serait-ce
que d'un jour : à cet égard, elle est crue sur sa déclaration, sans que les sages-femmes puissent être consul-
tées ; **(1)**

2° Celui qui est arrêté [pour être mis à mort], à cause
[par exemple] d'un meurtre à lui imputé, établi par des
preuves irrécusables, ou par sa déclaration. Mais l'indi-

vidu arrêté [sous prévention d'un crime quelconque entraînant la peine de mort] échappe à l'interdiction, tant que l'accusation n'est pas établie ; **(5)**

3° Le voleur ou autre criminel condamné à la mutilation, *mais seulement lorsqu'il est à l'approche de subir sa peine, et en tant qu'il y a lieu de craindre* que la mutilation n'entraîne la mort ; **(6)**

4° Celui qui assiste comme combattant, dans les rangs de l'armée en bataille, et non — celui qui fait partie de la réserve chargée de venir au secours de ceux qui plient devant l'ennemi, — ni celui qui fait partie du corps de *repoussement* (corps chargé de faire retourner à leurs places ceux qui font défection devant l'ennemi).

Texte

III

« [Mais ne sont pas frappés d'interdiction] celui qui est atteint [d'une maladie peu dangereuse] de la gale, par exemple ; ni celui qui voyage sur mer, quand même il serait, [au moment de sa donation], assailli par une tempête [qui troublerait sa raison].

Commentaire

« C'est-à-dire : — ni celui qui est atteint d'une maladie légère [qui n'est pas ordinairement mortelle], comme de la gale, de la fièvre quarte, de la lèpre, — ni celui qui voyage sur mer, ou sur un fleuve, quand même il surviendrait, au moment de sa disposition, une tempête capable de troubler sa raison ; — ni celui qui serait exposé à un danger identique.

« Par ces mots : « *ni celui qui voyage sur mer* », il

faut entendre celui qui se trouve sur une grande étendue d'eau quelconque, profonde, d'après quelques auteurs. (ce qui implique, à plus forte raison, que celui qui se trouve sur une grande étendue d'eau peu profonde, n'est pas interdit). Et par *houl*, il faut entendre la frayeur qu'inspire la tempête [et qui pourrait altérer la raison du donateur].

Texte

IV

« [Les personnes qui se trouvent dans l'un des cas sus-indiqués ne sont frappées d'interdiction] que pour ce qui n'est *pas* relatif aux dépenses de leur entretien et de leur traitement, — et que pour ce qui n'est pas relatif aux contrats d'échange, [de vente et d'acquisition] mobiliers ou immobiliers, (c'est-à-dire que la loi ne leur interdit que le droit de disposer gratuitement, par donation, de plus du tiers de leurs biens).

Commentaire

« Cela signifie que l'individu atteint d'une maladie jugée dangereuse par l'art médical [ou qui se trouve dans l'un des autres cas prévus] n'est interdit que pour ce qui n'est pas relatif — aux dépenses de son entretien et de son traitement — à un contrat d'échange, de vente ou d'acquisition : [ce qui veut dire en résumé qu'à l'exception de la donation de plus du tiers de ses biens], cet individu est capable de passer tous les contrats à titre onéreux, qui ont pour résultat d'accroître son patrimoine [ou même seulement de le conserver, car, en le conservant, il ne fait pas une libéralité, mais un acte de bonne administration].

« Toutefois il faut que ces contrats à titre onéreux, qui lui sont permis, ne déguisent pas une libéralité de plus du tiers de ses biens ; autrement, la libéralité ainsi déguisée serait réduite au tiers de ses biens, *si le donateur venait à mourir sous le coup de son interdiction*. Il y a plus, c'est que la donation ainsi déguisée, [ou même franchement avouée], serait *entièrement* nulle, *si le donateur l'avait stipulée au profit d'un de ses héritiers, et si lui, donateur, venait à mourir sous le coup de son interdiction*, parce qu'alors, cette donation serait assimilée à un *testament*, et qu'en matière de *testament*, on ne peut rien stipuler au profit d'un héritier, [parce que sa part est déjà déterminée par la loi, et que nul ne peut déroger à la loi qui règle les parts des successibles, d'après cette tradition du Prophète : *la ouas'iyata li-ouarits* : il n'y a pas de disposition testamentaire possible au profit d'un héritier].

« Mais la donation, déguisée ou franchement avouée, serait valable, si les cohéritiers du donataire venaient à la ratifier, parce qu'alors, elle serait considérée non comme un testament, mais comme une *donation* faite directement par un héritier à son cohéritier, et le donataire pourrait prendre possession immédiate de la chose. (Et la donation, déguisée ou non, faite au profit d'un étranger, serait toujours valable, pour tout ce qu'elle comporte, tiers ou plus du tiers, *si le donateur venait à sortir de son interdiction ;* — il en serait de même de la donation faite au profit d'un héritier, car, par le fait de la *cessation de l'interdiction*, la donation devient pure et irrévocable, et cesse d'être assimilée au testament.)

« Pour savoir s'il y a eu donation déguisée, et par conséquent si l'acquéreur a été avantagé de plus d'un tiers des biens du vendeur, on estime la chose *au jour du contrat*, et non au jour de la décision, et non au jour où cette chose [en la supposant indivise] pourrait être vendue aux enchères publiques.

« Par ces mots : « *ce qui n'est pas relatif aux contrats d'échange* » l'auteur a voulu exclure — le mariage (*ce qui prouve, en passant, que le mariage n'est pas une vente, comme l'ont écrit certains compilateurs ou publicistes*), — le divorce par *consentement mutuel*, — et la transaction à la suite d'un crime emportant, contre son auteur, la peine du talion : ces actes sont défendus à celui qui se trouve frappé d'interdiction, de même que les libéralités [excédant le tiers de ses biens]. **(7)**

V

« La donation [qu'il est permis à l'individu interdit dont nous nous occupons, de faire du tiers de ses biens seulement] est suspendue dans son exécution, à moins qu'elle ne s'applique *à des biens sûrs*, c'est-à-dire à des immeubles. — Si le donateur meurt, sa libéralité s'extrait du tiers [de ses biens]. — S'il ne meurt pas, elle est exécutoire.

Commentaire

« Cela signifie 1° que si l'individu qui se trouve atteint d'une maladie dangereuse, [ou placé sous une des causes d'interdiction que nous connaissons], a disposé gratuitement de quoi que ce soit de son bien, en affranchissement d'un esclave, ou en aumône, ou en constitution de habous, — alors, l'effet de sa libéralité est suspendue jusqu'après sa mort, époque à laquelle on estime **(8)** si cette libéralité excède ou n'excède pas le tiers disponible, sur lequel elle est alors prélevée ; — et cela signifie 2° que si le même individu ńe meurt pas de la maladie qui donnait lieu à son interdiction, (c'est-à-dire que s'il en guérit, ou que si la cause de l'interdiction cesse à son égard), alors, sa libéralité devient exécutoire pour tout ce qu'elle comporte, [tiers ou plus du tiers, qu'il s'agisse de meubles ou d'immeubles].

« Mais il faut bien remarquer que la *suspension* de l'effet de la libéralité, dans le premier cas ci-dessus prévu, n'a lieu qu'autant que le donateur a disposé de *biens non sûrs*, c'est-à-dire de *meubles*, [et qu'il n'a pas affecté ces meubles *à la charge d'un immeuble*].

« Si au contraire le donateur a disposé de biens *immeubles*, [soit directement, en disant : *je donne une telle maison*, — soit par imputation de la valeur d'une chose mobilière sur le prix d'un immeuble, en disant : *j'affranchis mon esclave, et sa valeur sera affectée à tel immeuble*], alors, ce qu'il a retranché ou ce dont il a disposé de ses biens *immeubles*, soit par affranchissement, soit par aumônes, soit par d'autres libéralités analogues, *n'est nullement suspendu dans son exécution*, [quand même le donateur serait encore sous le coup de son interdiction] : loin d'être suspendue dans son exécution, la donation est exécutoire de suite, sur le tiers disponible.

Avertissement de Kharchi au lecteur

« *Les libéralités par donations entre-vifs* dont il vient d'être parlé, au sujet de la distinction entre les meubles et les immeubles, ne doivent pas être confondues **avec les libéralités par testament**, [confusion que l'on pourrait faire, par suite de ce que nous avons dit à l'égard des *meubles*, sur lesquels l'effet de la *donation* ne se produit qu'après la mort du donateur, tant qu'il reste placé sous le coup de son interdiction]. — En effet, un testament, [qu'il comprenne des meubles] ou même des immeubles, n'a pas besoin d'être suspendu dans son exécution immédiate, [parce qu'il est de la nature même du testament de n'avoir son effet qu'après la mort du testateur], et parce que ce dernier peut toujours le révoquer ; tandis que la donation une fois acceptée est irrévocable, [qu'elle ait été faite en état de santé ou en état de maladie dangereuse : seulement, dans ce dernier cas, elle est réduite provisoirement au tiers disponible ; mais quand la cause de l'interdiction a cessé, elle est exécutoire pour tout ce qu'elle comporte], ainsi que l'indique cette expression de Khalil : *oua illa madha*, qui signifie que le donateur ne peut plus révoquer sa libéralité, parce que, par le fait de la donation, il a entendu retrancher immédiatement de son patrimoine la chose donnée, et qu'il n'a pas entendu, comme en matière de testament, ne s'en dessaisir qu'après sa mort : seulement, s'il succombe sous le coup de son interdiction, [lorsqu'il a disposé de plus du tiers] sa donation est réduite au tiers, comme en matière de testament. **(9)** »

—

Essayons maintenant de donner la traduction des textes réunis de Khalil, d'après le commentaire de Kharchi, afin que le lecteur puisse mieux la saisir et la comparer avec celle de M. Perron.

Traduction

I

L'individu atteint d'une maladie jugée, par l'art médical, comme présentant un grand danger de mort, ne peut, s'il est majeur, se dépouiller actuellement et irrévocablement de ses biens par acte de donation *entre-vifs*, que jusqu'à concurrence du tiers de la valeur de son patrimoine, valeur qui ne peut être calculée que sur les immeubles seulement, tant que le donateur vit.

Au nombre des maladies considérées comme présentant un grand danger de mort, et comme ne permettant pas à celui qui est atteint de l'une d'elles de disposer, par donation, de plus du tiers de ses biens, la doctrine indique 1° la phthisie, 2° les violentes coliques d'entrailles, 3° la fièvre aiguë. Mais cette indication n'est pas limitative, et n'empêche pas celui qui est atteint d'une autre maladie jugée comme dangereuse, d'être privé de la même faculté de disposer de plus du tiers de ses biens, à titre de donation, quand même les médecins n'auraient pas déclaré, à son égard, que la présomption de mort dût l'emporter sur la présomption de guérison.

II

Sont assimilés à l'individu atteint d'une maladie pouvant entraîner sa mort, et par suite, privés de la faculté de disposer, en donations, de plus du tiers de leurs biens :

1° La femme qui est dans le septième mois de sa grossesse, mais en tant que cette femme *n'est pas ou n'est plus en puissance de mari*, car la femme qui est en puissance de mari, qu'elle soit enceinte ou non, qu'elle soit malade ou non, ne peut jamais disposer de plus du tiers de son bien, soit par donation entre-vifs, soit par testament;

2° L'individu arrêté sous l'inculpation d'un crime quelconque emportant la peine de mort, lorsque l'inculpation est établie par des preuves irrécusables, ou par son aveu, ou a été sanctionnée par un jugement. Mais cet individu échappe à toute interdiction, tant que la prévention n'a pas été établie ;

3° Le criminel condamné à l'ablation d'une main ou d'un pied, mais seulement lorsqu'il est à l'approche de subir son supplice, et en tant que les médecins ont déclaré qu'il courait un danger de mort ;

4° Celui qui combat dans les rangs de l'armée, et non celui qui fait partie d'une réserve, ni celui qui fait partie d'un corps chargé de faire retourner à leurs places les soldats qui font défection devant l'ennemi.

III

Il suit de ce qui précède que l'individu qui est atteint d'une maladie non présumée mortelle, comme de la gale, par exemple, et que l'individu qui ne court pas un danger imminent de mort, par exemple, celui qui, voyageant sur mer, est assailli par une horrible tempête, au moment de sa donation (car tous ceux qui essuient une tempête ou font naufrage ne périssent pas), — il suit, dis-je, de ce qui précède, que ces individus échappent à l'interdiction.

IV

En interdisant aux individus qui se trouvent dans l'un des cas sus-indiqués, la faculté de disposer, par donations, de plus du tiers de leurs biens, nous admettons implicitement qu'ils ont le droit, plein et entier, de contracter à titre purement onéreux : ainsi, stipuler pour des dépenses d'entretien ou de traitement, échanger, vendre, acheter, tout cela constitue des contrats qui ne font pas partie des libéralités.

Mais si ces contrats à titre purement onéreux, qui ne leur sont pas interdits, déguisaient des libéralités, ils tomberaient sous l'application du principe qui défend de disposer, par donation, de plus du tiers; c'est-à-dire qu'on estimerait la valeur de la chose vendue, au jour du contrat, qu'on la comparerait avec le prix stipulé, pour savoir si la *plus value* excède le tiers disponible, et que si elle l'excédait, on réduirait la libéralité à ce tiers, et que si elle ne l'excédait pas, le contrat serait maintenu.

Il y a plus : c'est que la libéralité ainsi déguisée, et même la libéralité franchement avouée, seraient entièrement nulles, si elles étaient faites au profit *d'un héritier* du donateur, **et** *si le donateur venait à mourir sous le coup de son interdiction*, parce qu'elles seraient assimilées à un testament, et qu'en matière de testament, il est défendu de déroger aux lois qui déterminent les parts des successibles.

Mais le cohéritier de l'héritier avantagé peut convertir la libéralité en donation : il ne peut la ratifier comme testament, car un acte radicalement nul ne saurait revivre sous la même forme.

Toutefois, la doctrine *(car la loi est silencieuse à cet égard)* prohibe entièrement, à celui qui se trouve dans l'un des cas sus-indiqués, le droit de contracter mariage, de divorcer par consentement mutuel, et de composer sur un crime dont il a été victime, parce que cela constitue des contrats *désintéressés*, quoi qu'ils procurent un avantage ou une indemnité à l'une des parties, et qu'il serait immoral de les apprécier *pécuniairement*, sous le rapport de la quotité disponible.

V

Quoi qu'il soit de la nature d'une donation d'être exécutoire immédiatement, la doctrine, en raison des circonstances particulières dans lesquelles sont faites les libéralités dont nous nous occupons ici, libéralités qui tiennent de la nature des donations, mais qui participent un peu de la nature des testaments, — la doctrine, disons-nous, a fait des distinctions.

Ainsi, 1° le donateur vient-il à sortir de son interdiction partielle ? sa donation est exécutoire pour tout ce qu'elle comporte, tiers ou plus du tiers, meubles ou immeubles, qu'elle ait été faite au profit *d'un étranger*, ou au profit *d'un héritier*.

2° Tant que la cause de l'interdiction n'a pas cessé, la libéralité est toujours restreinte au tiers disponible. — Si elle comprend des *meubles*, elle est suspendue, comme en matière de testament, jusqu'après la mort du donateur, pour n'avoir d'effet alors que sur le tiers disponible. — Si au contraire, elle s'applique à des *immeubles*, soit directement, soit indirectement, elle est exécutoire de suite, jusqu'à concurrence du tiers disponible. *(Mais d'après Derdiri, la donation, pour être exécutoire de suite, doit comprendre un immeuble, ce qui exclut l'affectation d'un immeuble au paiement d'une donation mobilière.)*

Pour savoir si la libéralité *immobilière* excède le tiers disponible, on estime les immeubles seulement, au jour de la donation, *si le donateur existe*, sans avoir égard aux meubles, à moins qu'il ne s'agisse, d'après Kharchi, d'une chose mobilière mise à la charge d'un immeuble, auquel cas on estime cette chose mobilière, pour connaître si elle absorbe ou n'absorbe pas le tiers disponible *de la valeur des immeubles*.

Après la mort du donateur, les biens meubles et immeubles font partie de la masse estimative, sur laquelle on prélève les libéralités *mobilières* dont l'effet avait été suspendu jusque-là.

Voilà (et pourquoi ne le dirais-je pas, sans être taxé
de vanité, du moment que M. Perron a été si tranchant
à l'égard des orientalistes français et étrangers), voilà,
dis-je, de quelle manière M. Perron aurait dû traduire.
En supposant que je me sois trompé, — ce qui n'est pas
impossible, mais ce qui est peu probable,— j'aurais toujours, sur lui, l'avantage de m'être trompé clairement.

De cette manière, il aurait mis

Nos administrateurs,

à même de légiférer en connaissance de cause, et de
s'attirer la sympathie et la reconnaissance des Arabes ;

Le magistrat français,

à même d'appliquer la loi avec justesse ;

Les publicistes,

à même de bien apprécier la législation musulmane,
pour ne pas la faire passer comme immorale et comme
empreinte de fanatisme et de superstition ; — à même
d'affirmer que cette législation n'est pas anti-civilisatrice,
et que ceux qui la pratiquent sont aptes à être régis par
notre code civil.

NOTES

—

Note 1, p. 162.

Il y a cette différence entre la donation et le testament, que la donation est un acte par lequel le donateur se dépouille actuellement et irrévocablement de tout ou partie de ses biens, en faveur du donataire qui l'accepte, — tandis que le testament est un acte par lequel le testateur dispose, pour le temps où il n'existera plus, du tiers de ses biens seulement, et qu'il peut toujours révoquer.

Note 2, p. 165.

En un mot, n'atteint pas les actes purement onéreux ou intéressés de part et d'autre, comme une vente, une acquisition, parce que ces actes n'ont pas pour but de frustrer les héritiers.

Note 3, p. 165.

L'homme qui n'est pas dangereusement malade, ou qui ne se trouve pas dans un des autres cas d'interdiction prévus plus loin, peut, par donation, disposer de tous ses biens, au profit de qui que ce soit.

La femme majeure, libre, qui se trouve dans les mêmes conditions, *mais qui n'est pas en puissance de mari*, a la même faculté. — Si elle est en puissance de mari, elle ne peut disposer, par donation, que du tiers de ses biens, parce qu'elle hérite de son mari, et *vice versâ*, et que la loi n'a pas voulu qu'elle rendît illusoire, à l'égard de son mari, ce droit de succession. — Si le mari peut, par donation, disposer de tout son bien, c'est parce qu'il a toutes les charges du mariage, et que le sort de l'épouse est déjà assuré, en partie, par une dot.

En ce qui concerne les dispositions testamentaires, elles ne peuvent jamais excéder le tiers des biens du testateur, qu'il s'agisse d'un homme, ou qu'il s'agisse d'une femme en puissance ou non de mari. — De plus, ces dispositions ne peuvent jamais être faites au profit d'un ou de plusieurs héritiers, à l'exclusion des autres, d'après cette traduction du Prophète : « *il n'y a pas de disposition testamentaire au profit d'un héritier* », car la part des héritiers étant fixée par la loi, le législateur n'a pas voulu qu'on y dérogeât par des conventions particulières, en accordant *par testament,* quoique ce soit, à un des héritiers, à titre de préciput ou hors part.

Note 4, p. 166.

La cause de l'interdiction est fondée sur ce que l'accouchement peut être laborieux et entraîner la mort de la femme, ce qui assimile alors sa donation au testament, tant seulement que dure la cause de l'interdiction : une fois que la femme est heureusement délivrée, sa donation subsiste pour tout ce qu'elle comporte.

Mais il faut bien remarquer qu'il s'agit ici d'une femme *qui n'est pas ou n'est plus en puissance de mari ;* car la femme en puissance de mari, qu'elle soit ou non enceinte, ne peut jamais disposer par donation, de même que par testament, de plus du tiers de ses biens.

Note 5, p. 167.

Khalil dit : *celui qui est arrêté pour être mis à mort,* sans spécifier le crime dont il est coupable, parce que ce n'est qu'en raison de ce que cet individu est exposé à une mort certaine, pour n'importe quel crime, que la loi l'a assimilé au testateur, ou à celui qui, stipulant pour le temps où il n'existera plus, ne peut disposer que du tiers de ses biens.

Maintenant, si Kharchi parle du meurtrier, son cas est indicatif et non limitatif : le meurtrier n'est pas interdit parce qu'il est meurtrier, mais bien parce qu'il doit être mis à mort; et la preuve que le crime de meurtre n'influe en rien sur l'interdiction de celui qui en est coupable, c'est que l'individu atteint d'une maladie dangereuse, la femme enceinte de plus de six mois, le combattant dans les rangs de l'armée en bataille, *sont également interdits.*

Note 6, p. 167.

Mais seulement lorsqu'il est à l'approche de subir sa peine. D'où la conséquence que celui qui n'est pas à cette *approche* n'est pas interdit, parce qu'il peut encore conserver son moral, pour disposer sainement, par donation, de tout ce qui lui appartient. *L'approche* s'entend du moment où l'exécuteur vient s'emparer du patient.

Note 7, p. 170.

Ces actes sont totalement interdits à celui qui se trouve dans l'un des cas sus-indiqués, parce qu'ils constituent des contrats désintéressés, quoi qu'ils procurent un avantage ou une indemnité à l'une des parties, et qu'il serait immoral de les apprécier *pécuniairement*, au point de vue du tiers disponible.

Note 8, p. 170.

Pour savoir si la donation excède le tiers disponible, on n'estime que les immeubles, tant que le donateur vit, et on n'a pas égard aux meubles, parce que le donateur n'en est dessaisi qu'après sa guérison ou qu'après sa mort, et que jusque-là, leur valeur peut varier, ou ils peuvent être perdus, dissipés ou consommés. — Mais si la donation comprend un meuble, un affranchissement d'esclave, par exemple, dont la valeur a été *imputée sur un immeuble*, on estime d'abord la valeur de l'esclave, puis les immeubles. Si le prix de l'esclave ne dépasse pas le tiers de l'estimation des immeubles. il est définitivement affranchi ; si son prix dépasse le tiers de l'estimation des immeubles, il n'est affranchi que jusqu'à due concurrence. Ainsi, supposons que la valeur de l'esclave soit de 300 dinars ; si les immeubles ne valent pas davantage, cet esclave ne sera affranchi que pour un tiers, représenté par 100 dinars, et il demeurera esclave pour les deux tiers de sa valeur.

Après la mort du donateur, tous les biens meubles ou immeubles rentrent dans la masse estimative, sur le tiers de laquelle on impute les libéralités mobilières dont l'effet avait été suspendu jusqu'après la mort du testateur, en supposant qu'il ne fût pas sorti de son interdiction.

Note 9, p. 172.

D'après Khalil, la donation est exécutoire de suite, jusqu'à concurrence du tiers disponible, quand elle s'applique *à un immeuble (li mâl mamoune)*; et si elle s'applique *à un meuble*, elle est suspendue jusqu'après la mort du donateur, à moins qu'il ne guérisse de la maladie qui donnait lieu à son interdiction.

Or, Kharchi a considéré la donation d'un meuble, par exemple, l'affranchissement d'un esclave, comme devant être assimilée à la donation d'un immeuble, *lorsque la valeur de ce meuble a été imputée sur un immeuble*. Et la preuve, c'est qu'il dit : *s'agit-il d'immeubles?* Ce que le donateur en a retranché par *affranchissement* d'un esclave, etc., n'est nullement suspendu dans son exécution.

Derdiri, au contraire, explique le texte de Khalil ainsi : « la par- « ticule du datif *lam*, devant le mot *mâl*, au lieu de signifier « *l'attribution* ou la *destination*, s'entend ici, dans le sens de la « particule *mine* d'une idée d'extraction, comme si Khalil avait « voulu dire : la libéralité est suspendue dans son exécution, à « moins qu'elle ne comprenne un bien *faisant partie des immeu-* « bles *(li-mal aï mine mâl mamoune)* ». Par conséquent, d'après Derdiri, quand même le donateur aurait dit : *j'affranchis mon esclave, et sa valeur sera imputée sur tel immeuble,* l'affranchissement serait suspendu comme en matière de meubles, parce que l'esclave est une chose mobilière, *qui ne fait pas partie des immeubles*.

SECTION 5

Des autres erreurs contenues dans la traduction faite par M. Perron.

J'aurais la matière de six gros volumes, si je devais signaler toutes les erreurs, éclaircir toutes les obscurités, et combler toutes les lacunes que renferme la traduction faite par M. Perron.

Mais je crois avoir suffisamment démontré que cette traduction *n'est plus acceptable*.

CHAPITRE V

RÉSUMÉ

§ I

De la suppression des cadis et de leur remplacement par des magistrats français.

SOMMAIRE. — Les principes de la loi musulmane et du dogme islamique ne s'opposent point à l'application du code civil français aux Arabes. — D'après la doctrine musulmane, l'office des cadis n'est pas indispensable pour l'administration de la justice ; d'où la conséquence que les cadis peuvent être légalement remplacés par des magistrats français. — Du maintien des cadis comme *rapporteurs* dans certaines affaires. — De leur maintien comme *notaires*.

Les dogmes fondamentaux de la religion musulmane *(osoul eddine)* sont *seuls immuables.* Ils consistent à croire 1° au Koran, comme au dernier et au plus parfait des livres révélés, savoir : le Pentateuque, les Psaumes de David et le Nouveau Testament; 2° à l'unité de Dieu ; 3° à la mission des Prophètes, au nombre desquels figure Mahomet comme le dernier; 4° à la prédestination ; 5° à l'existence des Anges et des Démons; 6° à la résurrection de la chair et au jugement dernier; 7° enfin, aux peines et aux récompenses de la vie éternelle.

La loi et la doctrine n'exigent rigoureusement du musulman que la croyance à ces dogmes, et que l'observation des préceptes relatifs à l'ablution, à la prière, au paiement de l'impôt dit *zekat* (1), au jeûne du Ramadan, au pélerinage de la Mecque, et à la guerre sainte contre les infidèles avec lesquels on n'a pas fait de traité de paix.

Tous les autres préceptes, — qu'ils résultent du Koran, de la tradition ou de la doctrine, — ne sont pas rigoureusement obligatoires, car celui qui les viole ne cesse pas d'être musulman ; il n'encourt qu'une punition, *et seulement lorsque leur violation est le résultat du libre arbitre de l'individu* : d'où il résulte que si par suite d'un nouvel état de choses imposé au musulman, ce dernier enfreint les préceptes qui ne sont pas d'obligation rigoureuse, pour se conformer à des innovations, il est dans la légalité devant Dieu et devant ses coreligionnaires.

A ce point de vue, nous voyons déjà qu'en laissant le musulman libre dans sa croyance et dans l'observation des préceptes que nous venons d'exposer, la France se tient vis-à-vis de lui dans les termes de la capitulation de 1830.

Or, si l'on consulte le code civil français, on n'y verra rien de contraire aux dogmes ni aux préceptes dont il s'agit.

Il y a plus, c'est que les règles qui se rapportent au droit privé se prêtent presque toutes à l'interprétation,

(1) Le zekat est un impôt annuel, déterminé équitablement, perçu sur tous les biens mobiliers et immobiliers de chaque musulman. Il prend le nom d'*achour* (dîme) lorsqu'il est perçu sur les produits du sol.

et que les docteurs interprètent même celles qui sont claires et précises. Or, en matière d'interprétation, toutes les opinions divergentes sont admissibles et ont un caractère de légalité, parce que, disent les jurisconsultes, chaque individu, qui se croit capable d'interpréter la loi, jouit de son libre examen, et qu'il n'y a que Dieu qui connaisse toute la vérité ! Et comme le Chef de l'Etat, qu'il soit musulman ou mécréant, a plus que tout autre individu le droit d'interprétation, il s'ensuit qu'il peut légalement imposer son opinion à ses sujets musulmans, d'après cet axiome : *Ennas âla dine moloukihim :* Les sujets doivent se conformer aux coutumes de leurs Souverains.

D'un autre côté, si l'on examine les décisions des compagnons du Prophète ou de Pères de l'Eglise, on voit qu'elles ont été explicitement ou implicitement unanimes sur ce point, *que lorsqu'il s'agit d'un nouvel état de choses (et la conquête de l'Algérie par la France en est un) sur lequel la loi n'a pu s'expliquer, et que ce nouvel état de choses, admis par le public ou à lui imposé, ne peut être repoussé ou détruit sans jeter la perturbation dans la société musulmane, il y a lieu de s'y conformer et de concilier l'ancienne situation avec la nouvelle.*

Donc, les principes de la loi musulmane et du dogme islamique ne s'opposent point à l'application du code civil français aux Arabes de l'Algérie.

Cependant je reconnais que le statut personnel des Arabes doit leur être laissé encore longtemps, mais seulement en ce qui concerne *l'état des personnes, l'incapacité et la capacité juridiques, les tutelles, le mariage, le divorce, les donations, les testaments et les successions.* A part ces matières, ils accepteront avec empressement la loi française ; beaucoup d'entr'eux en réclament même l'application , sans exception ni réserve, tant ils ont en aversion la justice des cadis !

Quant aux cadis, leur suppression n'a rien de contraire à la loi musulmane, ainsi que nous l'avons vu dans le chapitre 4, section 3, puisqu'un simple particulier choisi par les parties peut statuer sur un litige quelconque, et que sa décision est obligatoire du moment qu'elle est conforme à la loi et à l'équité. Ils ne sont pas d'institution koranique ; c'est le kalife Ali qui les a créés ; avant lui, la justice était rendue par les agents de l'administration civile. Au surplus, nous les avons supprimés depuis longtemps dans les matières criminelles, qui touchent plus intimement à la religion que les matières civiles, et les Arabes ne se sont jamais plaints de cette mesure. *Les Arabes sont déjà habitués à notre justice civile pour leurs différends avec les Européens et pour les appels des jugements des cadis.* L'office des cadis, pour l'administration de la justice, est tellement peu obligatoire, que les notables d'une localité où il n'y a pas de magistrat peuvent s'ériger en tribunal, d'après cet axiome : *houkm el-djemaâ kehoukm el kadi :* la décision rendue par une assemblée est comme la décision rendue par le cadi. Enfin, le cadi, d'après les auteurs, n'est que le représentant du Chef de l'Etat; et le Souverain peut nommer pour son représentant qui bon lui semble.

Maintenant, si nous considérons que les cadis, par suite de vices invétérés dans la race arabe, sont presque

*tous enclins à la concussion et à l'exaction ; qu'ils ne
sont plus à la hauteur de leur mission; que les justiciables s'en plaignent amèrement et déclarent leur
sympathie pour la justice française, — on en conclura
qu'ils doivent être supprimés d'urgence comme des plaies
qui rongent la société arabe, et qu'ils doivent l'être
avec d'autant plus de raison, que l'administration de la
justice par des magistrats français a l'estime de tous
les Arabes, et que c'est surtout au moyen de cette
administration que nous les amènerons à l'assimilation.*

Les partisans du *statu quo*, — ou les ennemis de
l'assimilation, — ou quelques budgétivores, qui riront
jaune en présence de ma démonstration, diront qu'il
faut procéder par voie d'épuration à l'égard des cadis ;
mais pour arriver à une épuration satisfaisante, il faudrait épuiser la race arabe ou attendre qu'elle se fût
confondue avec nous.

La suppression des cadis entraînerait nécessairement
celle du Medjlès supérieur d'Alger, créé par Napoléon III (que Dieu le maudisse, lui et sa race!) au détriment de notre domination, institution rétrograde qui
rabaisse la dignité de la magistrature française en lui
imposant ses décisions ; car si ce Medjlès décide, par
exemple, *qu'une femme est maintenant enceinte de son
mari mort depuis cinq ans*, la cour d'Alger est obligée
de sanctionner cette décision !

Les cadis étant supprimés *comme juges* (1), il importe d'examiner d'après quelle loi la justice, en ma-

---

(1) Je dis *comme juges*, parce qu'on verra plus loin que je les maintiens comme
rapporteurs et comme *notaires*.

tière civile (1), serait rendue aux Arabes par les juges français.

Tous les différends quelconques en matière civile, pour lesquels je n'ai pas réservé le statut personnel arabe, seraient vidés, d'après la loi française, par les juges de paix. Ces magistrats statueraient en premier ressort jusqu'à la somme de..... et, à charge d'appel, à quelque valeur que la demande puisse s'élever.

Les appels seraient également portés devant le tribunal de paix composé d'un magistrat autre que celui qui a rendu la sentence, — du suppléant, par exemple, — et de deux notables de la localité.

Les matières pour lesquels j'ai réservé le statut personnel arabe seraient également jugées par le même magistrat, dans les mêmes conditions, *sur le rapport que ferait le cadi de la localité.*

A cet effet, le Gouvernement ferait traduire, par un homme compétent, le livre de Kharchi, commentaire de Khalil, et celui d'Ibn-Salamoun, pour rendre aux juges de paix l'application de la loi musulmane.

La procédure — *(et c'est ici le point capital, afin que les Arabes puissent dire avec quelque vérité que la justice française est administrée gratuitement),* la procédure, dis-je, consisterait, *en première instance et en appel,* dans une simple assignation. Les autres actes prévus par le code de procédure, pour l'instruction de l'affaire jusqu'au jugement définitif, seraient notifiés verbalement et sans frais par un huissier indigène, rétribué par le Gouvernement, au domicile que chacun

(1) Nous verrons plus loin sur quelles bases elle pourrait leur être rendue *en matière pénale.*

des plaideurs devrait élire dans la localité, et seraient
en outre consignés sommairement au greffe, sur un
registre *ad hoc*, toujours à la disposition des parties. Le
jugement, devenu définitif, serait également exécuté
sans frais, par l'huissier indigène, *conformément à la
loi musulmane.*

Cette manière de procéder peut être trouvée bien
sommaire par les ennemis de l'assimilation, et même
par les partisans de l'assimilation complète, mais elle
offrirait assurément aux plaideurs plus de garanties
qu'ils n'en trouvent devant les tribunaux des cadis : la
célérité et l'économie dans l'administration de la justice
contenteraient tous les justiciables, même ceux qui per-
draient leurs procès.

*Car, certes, — si l'Arabe devait subir l'application
de notre code de procédure civile, c'est-à-dire recourir
à tout moment à l'huissier, au greffier, à l'enregistre-
ment, au domaine; — s'il devait se déplacer pour aller
au chef lieu d'arrondissement constituer un avocat-
défenseur ; — s'il était obligé de supporter les hono-
raires répétibles et irrépétibles de ce dernier, alors il
regretterait le régime militaire pour maudire le régime
civil, et il ne lui resterait plus (me disait un cadi re-
marquable) que les yeux pour pleurer et qu'un* haraoua
(bâton) pour nous assommer.

La suppression des cadis exigerait une modification
dans le choix des juges de paix. Le gouvernement
nommerait, à l'exclusion de tous autres individus, ceux
qui, indépendamment de leurs connaissances en droit
français, savent l'arabe parlé et l'arabe littéraire ; et il
n'admettrait que ceux qui se seraient formés, dans un

tribunal, au contact de leurs collègues algériens.

Par conséquent, les places de juges de paix, que l'on a considérées jusqu'ici comme des places inférieures, accordées aux sujets *à former*, seraient plus élevées que celles des juges de première instance.

En substance, les cadis ne seraient maintenus que comme *rapporteurs*, ainsi que nous l'avons expliqué, et que comme *notaires*.

Je termine ce paragraphe, en laissant à la méditation du lecteur la onzième épigraphe de ce livre.

§ 2.

Des matières pénales.

En matière pénale, on continuerait d'appliquer à l'Arabe notre code criminel, pour les crimes et délits par lui commis contre un Européen, ou contre un Israélite, ou contre la chose publique, avec cette restriction qu'il ne jouirait plus des circonstances atténuantes, en cas de vol ou de tentative de vol, et en cas d'attaque à main armée contre les personnes.

Mais pour les crimes et délits *commis par des Arabes à l'encontre de leurs coreligionnaires*, il faudrait distinguer ceux dont la répression appartient à la vindicte publique, malgré le pardon de la victime ou de ses héritiers, de ceux dont la répression n'appartient aux tribunaux que sur la plainte des parties intéressées.

Si nous consultons attentivement le Koran et les auteurs, on voit que les crimes et délits dont la répression appartient à la vindicte publique, en la personne des magistrats, malgré le pardon de l'individu lésé et même du Chef de l'Etat, sont les suivants :

1° Le brigandage et tous les crimes et délits contre la chose publique ;

2° Le vol tel qu'il est défini par la doctrine musulmane, et non tel qu'il est défini par la loi française ;

3° Le meurtre et l'assassinat, crimes punis par la loi du talion ; mais lorsque le coupable a été pardonné par les héritiers de la victime, il ne subit, d'après Khalil, qu'un an d'emprisonnement et que cinquante coups de fouet ;

4° Le viol ;

5° La spoliation exercée au moyen de la *contrainte morale*. (1)

Les autres crimes et délits contre les particuliers ne sont réprimés que sur la plainte des intéressés.

Les crimes et délits dont la répression appartient à la vindicte publique seraient jugés d'après notre code pénal.

En ce qui concerne les crimes et délits dont la répression n'a lieu que sur la plainte des intéressés, *il faudrait distinguer ceux pour lesquels il y a eu pardon de ceux pour lesquels il n'y en a pas eu.*

Ceux pour lesquels il y a eu pardon *pourraient*

(1) D'après Ibn-Salamoune, chapitre *el-r'asb*, le spoliateur subit des coups et un emprisonnement à la discrétion du magistrat, malgré le pardon accordé par la victime. Si au lieu de *contrainte morale*, il y a eu *contrainte physique*, cela constitue un acte de brigandage. — Il y a contrainte morale, par exemple, lorsqu'un chef dit à son administré : « Ton cheval me convient ; je l'emmène » et que l'administré, par crainte, laisse faire. Mais si le chef, devant la résistance de l'administré, emploie la *contrainte physique*, au moyen de violences, de coups ou de blessures, cela constitue le brigandage.

entraîner la peine d'un jour à six mois d'emprisonnement, ou d'une amende déterminée ; car du moment
que la société arabe est satisfaite, que nous importe,
politiquement parlant, une répression que les Arabes
trouveraient insolite ou exorbitante ! Si je crée la peine
que je viens d'indiquer, c'est afin que, *dans certains
cas graves,* l'action de la justice ne soit plus remplacée
par le pardon de l'individu lésé.

Les crimes et délits pour lesquels il n'y a pas eu de
pardon entraîneraient la peine d'un jour à deux ans de
prison. Ces crimes et délits comprennent 1° ceux qui
ont été commis contre les personnes, et 2° ceux qui l'ont
été contre les propriétés. — Les premiers sont régis par
la loi du talion et par la doctrine ; les seconds sont
régis par la doctrine seulement. Or, si nous considérons,
d'une part, que la doctrine, — en dehors de la loi du
talion, que nous rejetons, — n'admet que des peines
discrétionnaires : les coups, ou une amende, ou un
emprisonnement qui ne dépasse pas ordinairement un
an ; et si nous considérons, d'autre part, que l'homicide
volontaire, pour lequel il y a eu pardon, n'entraîne
qu'une condamnation à un an de prison et à cinquante
coups de fouet, *on verra que je reste dans les idées
arabes sur la répression, en ne créant que la peine d'un
jour à deux ans de prison, excepté pour l'homicide
volontaire qui, dans tous les cas, serait puni d'après la
loi française.* Car il faut bien remarquer que si nous
prétendons appliquer aux Arabes toutes nos lois pénales, il n'y aura plus assez de magistrats pour juger
les coupables, ni de prisons, ni de bagnes assez vastes
pour les contenir.

Pourquoi les bureaux arabes, en matière de répression, ont-ils une action efficace et salutaire, *qu'on ne saurait nier*, sur les populations arabes ? C'est parce qu'ils agissent avec célérité, qu'ils s'affranchissent de la plupart de nos formalités, et qu'ils se conforment aux habitudes et aux mœurs des indigènes, sans recourir à notre code pénal, qui a été fait pour des Français et non pour des Arabes : *un magistrat français, étranger aux mœurs, à la religion et aux habitudes des Arabes, verra un crime là où il n'y a chez eux qu'une action louable !*

D'après ce que j'ai dit plus haut, tout ce qui appartient à la vengeance individuelle, pour crimes et délits entr'Arabes, serait jugé par un magistrat spécial, autre que le juge de paix, établi dans chaque canton, qui aurait à sa disposition un commissaire de police comme magistrat instructeur, et deux spahis indigènes comme agents de la force publique. Averti qu'un crime ou délit a été commis, le magistrat instructeur se transporterait aussitôt sur les lieux, entendrait les témoins, puis le juge unique statuerait après avoir entendu l'accusé.

L'appel, toujours admis, serait porté devant le *juge de paix*, auquel on adjoindrait deux notables européens.

La procédure se composerait d'ordres verbaux, consignés sur un registre *ad hoc*, toujours à la disposition des accusés et de leurs défenseurs. Les caïds, auxquels le magistrat instructeur s'adresserait, feraient réunir les témoins et arrêter les prévenus.

De cette manière, la justice répressive serait rendue rapidement et avec toutes les garanties désirables : les

Arabes tiennent surtout à la célérité, ainsi qu'ils l'expriment par ce proverbe vulgaire : *hayini el-youm ou
ektelni r'edoua :* fais-moi vivre aujourd'hui et tue-moi
demain. Ce qui signifie : ne me laisse pas longtemps
dans l'incertitude sur mon sort, afin que je n'aie plus à
m'en préoccuper.

Aujourd'hui, depuis l'extension considérable du territoire civil, les parquets et les juges de paix sont
surchargés, faute de personnel nécessaire pour agir
promptement et utilement dans les nouveaux territoires
annexés ; — les prévenus peuvent être exposés à une
longue prison préventive ; — les parties intéressées et
les témoins sont astreints à des frais de déplacement,
onéreux et lointains. Il résulte de ces inconvénients
que beaucoup de crimes et de délits peuvent échapper
à la répression, et que les Arabes peuvent être amenés à
regretter le régime militaire.

Pour former les tribunaux exceptionnels criminels
dont je viens de parler, il n'est pas nécessaire d'individus licenciés en droit. On choisirait, de préférence,
des sujets — connaissant l'arabe de manière à se
passer d'interprète — possédant les notions élémen-
taires du droit musulman et du droit français en
matière criminelle, — constitués de manière à monter
à cheval à première réquisition, et ne craignant ni la
chaleur, ni le froid, ni la pluie. *Ce qui veut dire que
l'on exclurait du nombre des candidats ces jeunes fre-
luquets à figure de papier mâché, véritables types de
dégénération physique, morale et intellectuelle, qui
simulent la myopie pour porter lorgnon, et se font
la raie au milieu de la tête pour plaire au beau sexe.*

13

§ 5.

Comment faut-il entendre l'assimilation?

En ce qui touche les Arabes, l'assimilation que je réclame ne s'appliquerait qu'aux territoires cultivables, où la colonisation peut s'étendre, c'est-à-dire qu'aux territoires où les Arabes vivent en grande partie des produits de la terre.

Quant aux contrées habitées par des Arabes pasteurs et nomades, le régime militaire continuerait de leur être appliqué.

Cette assimilation est exclusive des droits politiques. Seulement, les Arabes pourraient être admis au service militaire, et les fonctions publiques qu'ils pourraient remplir seraient celles d'agas, de caïds et de cadis.

L'application de mon système est la continuation d'errements que la pratique a rendus familiers aux Arabes. En effet, les bureaux arabes tranchent beaucoup de différends civils entre indigènes, à l'exclusion des cadis ; et pour les crimes et délits entre les mêmes individus, ils ont des tribunaux exceptionnels où l'usage et la coutume ont force de loi.

On voit donc que ce système ne substitue pas du jour au lendemain, aux habitudes et au régime d'un pays, des habitudes et un régime absolument contraires, et qu'il n'implique pas non plus la suppression totale de l'armée régulière, ni l'application de notre Code civil sous la simple protection de la garde nationale.

En ce qui touche les Israélites indigènes de l'Algérie,

il me semble qu'ils doivent être assujettis à nos lois, afin qu'il ne soit plus question, devant les tribunaux, d'un statut qui a été interprêté de plusieurs manières, et tellement qu'en matière d'hypothèque légale, la femme israélite était plus avantagée que la femme française.

Quant au décret du 24 octobre 1870, qui leur confère, en masse, le plein exercice des droits politiques, il y a des raisons pour et contre son abrogation.

Qu'il me soit permis d'avancer, pour le maintien de ce décret, que l'intolérance et le despotisme ont longtemps fait de tous les Israélites de la terre des parias, et que ce n'est pas à la France républicaine qu'il appartient de les exclure du banquet social. La jeunesse israélite algérienne mérite toute notre sympathie ; les hommes sont laborieux, économes, bons pères, bons époux ; les femmes sont vertueuses, elles excellent dans les soins domestiques ; beaucoup d'entre elles, par leur éducation, leur talent, leur mise simple et élégante, peuvent rivaliser dans les salons avec les dames françaises.

Peut-être qu'une sage politique ferait bien de différer l'admission des Israélites dans la magistrature et dans l'armée, afin de ne pas indisposer les Arabes contre nous. Avec l'assimilation que j'indique, le fanatisme musulman ne tarderait pas à disparaître ; alors il n'y aurait plus en Algérie que des frères aptes à jouir indistinctement de tous les droits politiques attachés à la qualité de citoyen français, et dans une assemblée générale, un orateur pourrait tenir, aux Israélites, aux Chrétiens et aux Musulmans, ce langage que le célèbre J.-J. Rousseau prête aux hommes de sens :

« Plus de disputes entre vous sur la préférence de
« vos cultes : ils sont tous bons lorsqu'ils sont prescrits
« par les lois, et que la religion essentielle s'y trouve ;
« ils sont mauvais quand elle ne s'y trouve pas. La
« forme du culte est la police des religions et non leur
« essence, et c'est au Souverain qu'il appartient de
« régler la police dans son pays. »

§ 4.

De l'Administration.

L'administration serait représentée au chef-lieu du
département par le Préfet.

Le Préfet serait spécialement chargé de la sûreté
publique, des réquisitions de toutes sortes, des impôts,
des forêts, des droits de parcours, des contestations
entre tribus au sujet des limites de leurs territoires ;
— de la surveillance des corporations, des chefs et des
magistrats, des tolbas, des repris de justice, des men-
diants et des vagabonds.

Il aurait, dans chaque district, un auxiliaire devant
connaître 1° l'arabe de manière à se passer d'interprète, 2° les éléments du droit français et du droit
musulman en toutes matières. Cet auxiliaire aurait à
sa disposition un personnel suffisant et ferait des
tournées dans les tribus.

Toutes les infractions administratives seraient jugées
par le magistrat spécial dont j'ai parlé, afin d'éviter les
conflits qui ne manqueraient pas de surgir entre l'autorité administrative et l'autorité judiciaire.

§ 5.

Des mesures de sécurité.

Il est facile de revenir au temps de Louis-Philippe, où l'on disait qu'une femme pouvait parcourir l'Algérie avec une couronne d'or sur la tête.

Pour cela, il faut établir la responsabilité civile des tribus, en matière de crimes ou de délits contre les personnes et les biens des Européens et des Israélites, toutes les fois que le coupable ne pourra être arrêté.

Les Arabes auront alors intérêt à surveiller les malfaiteurs et à les signaler à l'autorité ; autrement, ils seront toujours disposés à protéger leurs coreligionnaires à l'encontre des mécréants, d'après cet axiome vulgaire : *reuzk el-kouffar halal :* les biens des mécréants sont licites (c'est-à-dire que tous les moyens sont bons pour s'en emparer).

Ainsi, lorsqu'un crime ou un délit serait commis et que le malfaiteur ne pourrait être arrêté, on convoquerait immédiatement un Arabe et deux Européens notables, pour examiner si, d'après les traces et les témoignages, le crime ou le délit a été commis par un Arabe, ce qui est toujours facile à savoir pour les vols. Lorsque deux membres de cette commission auraient décidé que le coupable est un Arabe, toute la population musulmane de l'endroit serait solidairement et civilement responsable.

Enfin, on préviendrait les Arabes que, pour les attaques contre les personnes et les propriétés, leur statut personnel (et ils ne pourraient se plaindre de cette mesure) leur serait appliqué en ce sens que l'individu qui est attaqué, ou qui, d'après les preuves ou les présomptions, est autorisé à se considérer comme tel, a le droit de recourir à la force contre son agresseur, par l'emploi d'une arme quelconque, et qu'en l'absence de témoins, il est cru sur son affirmation, au sujet de la nécessité où il était de se défendre, sans que cette nécessité puisse être appréciée par le magistrat.

Alors, oui, les colons pourraient dormir en paix ; et ils n'auraient plus la douleur de voir, au lever du soleil, que leurs récoltes ont été volées ou ravagées par les Arabes, pendant la nuit (1).

§ 6.

Des autres mesures à prendre pour affermir notre domination et assurer notre propriété.

Que l'on crée des centres de populations européennes dans les endroits propices, afin de former un réseau qui enveloppe les Arabes et les Kabyles. De cette manière,

---

(1) Il n'y a pas un colon, dans la banlieue de Mascara, qui ne soit visité une ou deux fois dans l'année, pendant la nuit, par les voleurs arabes : nous avons vu le voleur, mais nous n'avons pas osé tirer sur lui, de crainte de passer en police correctionnelle ou en cour d'assises. D'autres disent : à quoi bon porter plainte, pour perdre en frais de déplacement à Mostaganem une somme supérieure à la valeur de l'objet volé ! Il est certain que si le magistrat de la localité avait le droit de juger en premier ressort tous les vols quelconques commis par des Arabes, le nombre en diminuerait. Et pourquoi ne lui donnerait-on pas ce droit, à lui et autres juges de paix ? Autrefois, le cadi pouvait condamner à mort ; il me semble qu'aujourd'hui un juge de paix peut bien condamner un voleur arabe au bagne. — *Ou sécurité aux colons, ou droit à eux de défendre non-seulement leurs personnes mais encore leurs biens : on ne sortira pas de là.*

tout soulèvement deviendrait impossible, ou serait bientôt réprimé. Les terres ne manqueront pas, si l'on veut bien chercher, surtout depuis les derniers séquestres apposés sur les biens des insurgés.

Que l'on fasse publier un vocabulaire français-arabe, contenant le langage usuel de l'Algérie, chez les Arabes de la tente ; ce qui veut dire qu'il faut se garder de ces vocabulaires contenant le jargon des grandes villes et le langage des femmes publiques.

Qu'un même vocabulaire soit fait pour la langue kabyle, non dans le genre de celui qui avait été jadis composé par une commission scientifique, dans lequel les erreurs fourmillent, ainsi que j'ai pu le constater à l'aide d'un grand nombre de Kabyles, en l'examinant mot à mot. Il est honteux, pour les administrateurs du régime impérial, de voir qu'après quarante ans d'occupation algérienne, il ne se trouve pas quatre Français connaissant la langue kabyle (1). La Kabylie nous offre de grandes richesses que nous ne devons pas laisser inexplorées.

Que des cours publics de langue arabe et de langue kabyle soient institués partout, et que l'étude de ces langues soit rendue obligatoire dans toutes les écoles, *comme on devrait faire en France pour la langue allemande.*

Que l'on supprime le collége arabe d'Alger, établissement inutile et coûteux, où les fils de la tente apprennent, aux frais du Gouvernement, ce que le Koran renferme d'hostile à notre domination.

(1) Il n'y a même pas, dans toute l'Algérie, cinquante Français connaissant l'arabe parlé d'une manière *satisfaisante.*

Que la connaissance des langues arabe et kabyle, ou au moins de la langue arabe, soit une condition *sine qua non* d'admissibilité à toutes les fonctions et à tous les emplois.

Que le chef qui, dans sa liste de présentation au Ministère, n'aura pas porté des candidats méritants, c'est-à-dire aptes à bien servir leurs concitoyens et la patrie, *pour favoriser des candidats incapables*, soit destitué, sans préjudice de dommages et intérêts envers les parties lésées. Nos derniers désastres doivent nous avoir suffisamment démontré qu'il faut, désormais, accorder les grades, les places, les emplois au mérite et non à la faveur.

Que les débits et les cafés soient supprimés dans tous les villages et remplacés par des bibliothèques.

Que le nombre des débits et des cafés soit très-limité dans les villes.

Que l'usage de l'absinthe soit défendu dans les établissements publics.

Souhaitons, enfin, que les Français ne s'entre-déchirent plus, et qu'au moyen du travail, de l'instruction et de l'amour de la patrie, ils réparent bientôt leurs désastres, et rendent la France encore plus belle et plus grande !

§ 7.

De la traduction faite par M. Perron.

Quoique M. Perron se soit posé en maître des maîtres devant les Orientalistes français et étrangers, ainsi qu'on peut le voir, dans son *aperçu préliminaire*, par les re-

proches qu'il adresse à Hamilton et à Ohsson, et dans
son volume 6, p. 476, par les autres reproches qu'il
adresse aux traducteurs du Koran, je n'hésite pas à
dire consciencieusement

Qu'il a défiguré Khalil

en le reproduisant au moyen de termes étrangers à la
langue du droit, ou de termes équivoques, qui em-
pêchent le lecteur de deviner juste et semblent réserver
à M. Perron cette réponse en cas de critique : c'est là
ce que j'ai voulu dire ! — C'est ainsi, entr'autres exemples, qu'il a pris *l'émancipation* pour *la majorité ; le
gage* pour *l'hypothèque* qui n'existe pas en droit musulman ; l'action *réelle mobilière* pour l'action *personnelle ;* (1)

Ou qu'il l'a écourté

par une traduction tellement littérale que souvent elle
est incompréhensible, et que toujours elle laisse indé-
cises les questions de détail, parce que le lecteur est
privé de données nécessaires pour pouvoir les résoudre ;

Ou qu'il l'a mutilé

en élaguant du commentaire de Kharchi de nombreux
passages *essentiels au point de vue de l'application de
nos institutions aux Arabes*, pour ne conserver que les

---

(1) Au sujet de l'esclave habilité à faire le commerce, les créanciers n'ont d'action que sur les biens que le maître et l'esclave ont engagés dans le commerce
(fil-maléïni), tandis que M. Perron accorde *l'action personnelle* contre tous les
deux, en disant : « elle (la dette) est au nom et à la charge de tous les deux. »
(Voir p. 48 de cet *Examen critique*.)

opinions, les interprétations et les citations qui sont hostiles à notre domination, afin de laisser peser sur les indigènes cette fausse accusation qu'ils sont réfractaires au progrès (1), et de donner ainsi raison aux partisans du royaume arabe, comme je l'ai démontré dans le chapitre 1, section 9, *Des actes passés un jour de vendredi*, et ainsi qu'on peut s'en assurer en comparant tout ce que M. Perron a enfermé entre des crochets, avec ce que portent le texte et le commentaire.

Ou qu'il l'a dénaturé

soit par de nombreuses erreurs, soit par de nombreux contre-sens, soit par la substitution de son opinion personnelle à celle des auteurs arabes, comme on peut le voir en comparant sa traduction avec ce que j'ai exposé sur *la minorité, la tutelle, la majorité, l'interdiction, les attributions des cadis et l'interdiction de l'individu dangereusement malade;* de sorte que le lecteur, qui a cru lire du droit musulman d'après Khalil, n'a, en réalité, dans beaucoup de passages, lu que du droit musulman d'après M. Perron.

. . . .

Je reconnais que M. Perron est un orientaliste distingué, mais il n'avait pas la spécialité nécessaire pour traduire un ouvrage de droit.

. . . .

M. le capitaine Richard, dans un excellent opuscule

(1) Telle est l'opinion de M. Perron, dans son *aperçu préliminaire*, p. XVII, lorsqu'il dit, en parlant de M. Chauvin, qu'il a eu « pour pensée dominante de montrer que les principes de la loi musulmane et du dogme islamique ne s'opposent point au développement civilisateur des peuples musulmans. »

publié à Alger en 1849 et intitulé : *De l'esprit de la législation musulmane*, s'exprime ainsi :

« Il y a, si je ne me trompe, une commission de savants Orientalistes chargés de traduire *Sidi Khalil* et autres docteurs de la loi, afin de populariser celle-ci parmi les fonctionnaires employés en Algérie. Or, voici ce qui va infailliblement arriver. Ces savants, après de pénibles labeurs, qui mériteront sans contredit tout notre respect, enfanteront un certain nombre d'in-4°, tellement épais, tellement lourds, que personne, à part quelques honorables *abstracteurs de quintessence*, n'osera y aventurer ni son nez, ni son œil. Ils reposeront, entourés du respect qui leur est dû, dans quelques coins obscurs de bibliothèques, loin des regards indiscrets de la foule ; mais, à coup sûr, ils ne serviront guère à vulgariser l'esprit de la législation musulmane. Ceci soit dit, bien entendu, sans contester en rien leur importance et leur utilité comme monuments littéraires.

« C'est sous l'influence de cette pensée, qu'il m'est venu à l'esprit de mettre, sous une forme aussi simple que possible, l'appréciation qu'une certaine expérience m'a permis de faire de l'esprit de la loi du peuple arabe.

« Victor Hugo a fait un admirable chapitre intitulé : *Ceci tuera cela*, voulant dire que le livre tuerait un jour le monument. Il pourrait en faire un second ayant exactement le même titre, mais avec un sens différent. Dans celui-ci, il s'agirait tout simplement du petit livre, qui certainement un jour tuera le gros. »

. . . .

Loin de moi la prétention de croire que mon petit

livre a tué le gros livre de M. Perron ; mais si
M. Perron ne veut pas reconnaître que ma critique est
fondée, il ne peut repousser, pour l'apprécier, le jugement que j'invoque des savants orientalistes d'Angleterre, d'Allemagne et de Russie.

CONCLUSION.

La traduction du livre de Khalil par M. Perron doit
être refaite, afin qu'il ne soit pas dit qu'après quarante
ans d'occupation algérienne, la France n'a pu trouver
chez elle un homme capable de traduire un livre de
droit musulman.

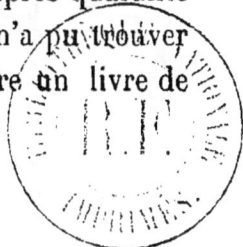

Mascara, 1871.

FIN.

TABLE DES MATIÈRES

BAR-SUR-AUBE. IMP. E.-M. MONNIOT.

ERRATAS

Page 16, ligne 19, au lieu de

Elle ne sort de la seconde tutelle, celle de l'administration des biens, qu'autant que devenue *pubère*, son père l'a déclarée majeure; et si elle n'a ni père, ni tuteur testamentaire, qu'autant qu'elle a consommé le mariage, et que deux témoins ont reconnu son aptitude à bien administrer sa fortune, sinon elle n'en sort qu'à l'âge dit *tânis*.

LISEZ :

Elle ne sort de la seconde tutelle, celle de l'administration des biens, qu'autant qu'elle a consommé le mariage, et que deux témoins ont reconnu son aptitude à bien administrer sa fortune, sinon elle n'en sort qu'à l'âge dit *tânis. (Voir au surplus, p. 109 et suivantes.)*

Page 47, ligne 11, au lieu de

même quand cette fille sera rendue coupable plusieurs fois?

LISEZ :

même quand cette fille se sera rendue coupable plusieurs fois?

Page 49, ligne 24, au lieu de

(lâ he-ouakil)

LISEZ :

(lâ ke-ouakil)

Page 79, ligne 24, au lieu de

il écrit

LISEZ :

il était

Page 111, ligne 5, au lieu de

sous le chap. 1, section 17.

LISEZ :

dans le chap. 1, section 17.

(Pour les autres incorrections, qui ne nuisent pas au **sens**, je réclame l'indulgence du lecteur ; j'espère les faire disparaître dans une seconde édition.)

www.ingramcontent.com/pod-product-compliance
Lightning Source LLC
Chambersburg PA
CBHW070537200326
41519CB00013B/3062